Evinis Talon

ESCRITOS DE DIREITO CONSTITUCIONAL

Gramado/RS

Evinis Talon

Presidente do International Center for Criminal Studies - ICCS

Mestre em Direito pela UNISC/RS.

Especialista em Direito Penal e Processual Penal pela UGF/RJ.

Especialista em Direito Constitucional pela UGF/RJ.

Especialista em Filosofia pela UGF/RJ.

Especialista em Sociologia pela UGF/RJ.

Especialista em Processo Penal pela Universidade de Coimbra (Portugal).

Professor de cursos de Pós-Graduação em Direito Penal.

Secretário-adjunto da ACRIERGS.

Ex-Defensor Público do Estado do Rio Grande do Sul.

Advogado Criminalista, consultor jurídico e parecerista em Direito Penal e Processual Penal.

Palestrante e escritor.

contato@evinistalon.com

TALON, Evinis. Escritos de Direito Constitucional. Gramado, RS: International Center for Criminal Studies, 2018.

1. Direito Constitucional. 2. Direito Processual Constitucional. 3. Hermenêutica. 4. Ativismo. 5. Advogados. I. Título.

copyright © Evinis da Silveira Talon

Dedico este livro a todos os Constitucionalistas que lutam pela democracia brasileira

Para minha querida Jaiane e meus filhos caninos Piu e Apolo.

Aos meus pais, Denize e José Inacio.

SUMÁRIO

Apresentação..9

O ativismo judicial e a necessidade de limites à discricionariedade interpretativa dos julgadores..11

1. Introdução..12

2. O novo paradigma constitucional: o ativismo judicial em tempos de neoconstitucionalismo........15

3. O caráter aberto e principiológico da Constituição e sua consequente interpretação......................23

4. Discricionariedade e ativismo: a imprescindibilidade de limites à atividade judicial...33

5. Conclusão..41

Referências..43

O controle jurisdicional de políticas públicas implementadoras do mínimo existencial..........48

1. Introdução..49

2. Desigualdade e pobreza: o enfraquecimento social..51

3. Políticas públicas de implementação do mínimo existencial e da dignidade da pessoa humana e seus obstáculos..59

4. O controle jurisdicional das políticas públicas e a concretização judicial do mínimo existencial..........72

5. Conclusão...77

Referências..79

O controle social não institucionalizado dos atos corruptivos: as manifestações sociais como instrumentos de combate à corrupção política na democracia contemporânea............................84

1. Introdução..86

2. A corrupção política no cenário democrático contemporâneo..88

3 Corrupção política e insatisfação popular...........94

4 O controle popular não institucionalizado como meio legítimo de combate à corrupção política....102

5 Conclusão..114

Referências..117

APRESENTAÇÃO

Neste livro, apresentamos três textos relacionados ao Direito Constitucional.

No primeiro texto, retratamos o ativismo judicial e os riscos da discricionariedade dos julgadores, debatendo o caráter aberto e principiológico da Constituição Federal.

Quanto ao segundo artigo, analisamos o controle jurisdicional das políticas públicas implementadoras do mínimo existencial. Retratamos, brevemente, algumas questões relacionadas à desigualdade e à pobreza.

Por fim, no terceiro texto, investigamos o controle social dos atos corruptivos. Como é sabido, a corrupção é um dos temas mais debatidos atualmente. Assim, é imprescindível entender qual é o papel da sociedade na fiscalização dos atos de corrupção.

Evinis Talon,
Janeiro de 2018.

O ATIVISMO JUDICIAL E A NECESSIDADE DE LIMITES À DISCRICIONARIEDADE INTERPRETATIVA DOS JULGADORES

RESUMO

A contemporaneidade exige do Judiciário um papel positivo na efetivação dos direitos fundamentais, exigindo-se, por conseguinte, que os julgadores ingressem em searas anteriormente privativas dos demais Poderes e exerçam uma interpretação constitucional diferenciada de alhures, ante a sobreabundante quantidade de normas abertas. Na relação entre ativismo judicial, concretização de direitos fundamentais e intervenção do Judiciário nas áreas afetas aos demais Poderes, a interpretação deve ter limites, os quais devem distanciar-se da discricionariedade judicial diuturnamente ensejadora do decisionismo. A determinação de limites à interpretação constitucional é impositiva em tempos neoconstitucionais, em que, sob pretexto de suprir inércias e descasos de outros Poderes, o Judiciário se incumbe de decisões políticas fundamentais e transcende o texto normativo constitucional, tentando fazer exsurgir a substância dos direitos fundamentais. A perspectiva desse protagonismo judicial deve ser pautada pelo equilíbrio, não se limitando ao texto normativo cegamente, mas também não concedendo ao julgador total liberdade no seu múnus, uma vez que a linha entre a discricionariedade e a arbitrariedade é tênue e, muitas vezes, dissimuladamente transponível.

1 INTRODUÇÃO

Jurisdição constitucional, ativismo judicial e neoconstitucionalismo são expressões que dominam o plano teórico na contemporaneidade, em que pese sejam mutuamente confundidas terminologicamente e empregadas, em grande parte, como sinônimas.

A Constituição da República Federativa do Brasil, promulgada em 1988, trouxe à baila o ambiente fértil para uma reanálise do Direito Constitucional e da atuação dos magistrados e tribunais, especialmente do Supremo Tribunal Federal, guardião da Constituição que, por conseguinte, concede-lhe legitimidade decisória.

A intensificação dos mecanismos de controle concentrado de constitucionalidade, sobretudo pela ampliação das ações de controle abstrato e pelo aumento do rol de legitimados, possibilitou maior margem de atuação do Judiciário no contexto social, extrapolando a mera esfera jurídica e alcançando searas de cunho até então exclusivo da política.

Some-se a essa conjuntura o caráter principiológico e compromissório da Constituição, com o emprego de termos vagos – cláusulas gerais e conceitos jurídicos indeterminados – e a elevação do ser humano ao zênite da proteção constitucional, decorrência da previsão da dignidade da pessoa humana como fundamento da República Federativa do Brasil. Ao final, obtém-se o resultado: uma ampla margem interpretativa à disposição do Poder Judiciário, seja na definição dos conteúdos das expressões constitucionais, seja na ponderação em casos de colisão de direitos fundamentais.

Nesse diapasão, abordar-se-á a discricionariedade judicial em tempos de fortalecimento da jurisdição constitucional e de atuação ativista dos juízes e tribunais, buscando-se contrapor a necessidade de efetivação das normas constitucionais aos limites da sobredita discricionariedade.

O desiderato da presente pesquisa, portanto, é destacar o protagonismo da jurisdição constitucional e as relações entre interpretação e ativismo judicial, demonstrando os limites dessa interpretação, ainda que no exercício do papel de garantia dos direitos fundamentais.

Justifica-se a presente pesquisa em razão do enorme debate atual sobre a (i)legitimidade da atuação proativa dos magistrados como legisladores positivos, ainda que em prol da efetivação de direitos fundamentais sonegados pelos demais Poderes constituídos. Dessa forma, o assunto está intimamente ligado ao tema da jurisdição constitucional. Ademais, o Constitucionalismo Contemporâneo gravita em torno dos conceitos de jurisdição constitucional e ativismo judicial, preocupando-se sobremaneira com a atividade interpretativa constitucional.

O método de abordagem é hipotético-dedutivo, uma vez que se indaga por meio da razão e da formulação de hipótese sobre a discricionariedade judicial e seus limites sob pretexto de um ativismo judicial concretizador de direitos fundamentais na contemporaneidade. O método de procedimento é monográfico e a pesquisa, essencialmente bibliográfica, é aplicada, com o desiderato de se obter aportes teóricos para aplicação prática, em detrimento de uma pesquisa meramente pura, que objetiva o avanço da ciência sem aplicação prática imediata ou mediata. A abordagem do problema será por uma pesquisa qualitativa, afastando-se, por incompatibilidade, de uma abordagem quantitativa ou estatística, que não supriria adequadamente as necessidades do presente estudo.

2 O NOVO PARADIGMA CONSTITUCIONAL: O ATIVISMO JUDICIAL EM TEMPOS DE NEOCONSTITUCIONALISMO

Na contemporaneidade, diante da complexidade das relações humanas e da dinamicidade e mutabilidade constante da sociedade, seria inimaginável supor que o Poder Legislativo ainda deteria o total controle criativo do direito ou que pudesse, contínua e eficazmente, possibilitar que as normas jurídicas estejam sempre em consonância com a realidade social que as exige.

É nesse contexto de forte dinamicidade que o ordenamento jurídico, iniciando-se pelo ápice constitucional, demanda maior abertura e flexibilidade na sua aplicação, o que resultou no caráter demasiadamente principiológico e aberto da Constituição Federal de 1988.

Conforme Streck (2008, p. 285):

> Das teorias do discurso à fenomenologia hermenêutica, passando pelas teorias realistas, os últimos cinqüenta anos viram florescer teses com objetivos comuns no campo jurídico: superar a concepção do direito entendido como um modelo de regras; resolver o problema da incompletude das regras; solucionar os casos difíceis (não 'abarcados' pelas regras) e a (in)efetividade dos textos constitucionais, nitidamente compromissórios e principiológicos, comprometidos com as transformações sociais.

Destarte, observa-se que, na atualidade, o direito não atua como mero reflexo da realidade estabelecida. Portanto, não é mais ordenador – como foi na fase liberal – ou apenas promovedor – como no Estado Social. No Estado Democrático de Direito, o direito é um plus normativo/qualitativo em comparação com as fases anteriores, porquanto agora consiste em um auxiliar no processo de transformação da realidade (STRECK, 2008, p. 289).

Daí porque seria inimaginável argumentar que a Constituição reflete inteiramente a realidade momentânea de uma sociedade, pois a dinamicidade das relações sociais vai de encontro com o complexo procedimento de aprovação das emendas constitucionais, sendo ambas incompatíveis, se isoladamente analisadas.

Nesse esteio, a sociedade brasileira, especialmente na última década, vem passando por uma grande tensão: de um lado, os Poderes Legislativos e Executivo; de outro, o Poder Judiciário. Trata-se de reflexo da crise social e da busca, cada vez mais intensa, da efetivação dos direitos fundamentais, mormente dos direitos fundamentais sociais, que necessitam de uma prestação positiva estatal para sua implementação (BARBOZA, 2007, p. 17). Para tanto, essa prestação é exigida do Judiciário, tornando latente o problema dos limites das funções de cada Poder.

O Estado Constitucional é o responsável por ressaltar o papel de destaque da jurisdição constitucional, que garante a Constituição e os direitos fundamentais. Entretanto, os tribunais constitucionais são muito questionados sobre a legitimidade e os limites dessa atuação em tempos de judicialização e ativismo judicial, palavras que, normalmente, apresentam uma confusão terminológica (LEAL, 2013, p. 133)

A contemporaneidade impõe que o Judiciário tenha um grau de importância na concretização – ou revelação

– dos direitos fundamentais, resultando em ambiente propício para a jurisdição constitucional. Dessa forma, "enquanto a Constituição é o fundamento de validade (superior) do ordenamento e consubstanciadora da própria atividade político-estatal, a jurisdição constitucional passa a ser a condição de possibilidade do Estado Democrático de Direito" (STRECK, 2014, p. 37).

Assim, nas precisas palavras de Barboza (2007, p. 17-18):

> Os juízes e tribunais, no exercício da jurisdição constitucional, são cobrados a prestar, então, uma efetiva solução na concretização dos direitos constitucionais sociais, que por sua vez acabam por demandar um papel ativo do Poder Judiciário, gerando uma grande tensão entre a jurisdição constitucional exercida por este Poder e o princípio democrático, representado pelos Poderes Legislativo e Executivo.

A atuação da jurisdição constitucional consiste em um dos aspectos mais controvertidos e debatidos na Teoria Constitucional, havendo inúmeros questionamentos sobre sua legitimidade democrática, porquanto o Poder Judiciário estaria sendo invocado para decisões sobre temas que necessitam de uma atuação positiva, em contraste com a clássica visão meramente negativa (LEAL, 2013, p. 135).

Segundo Moraes (2013, p. 310):

> A crise do sistema representativo torna necessária a atuação de órgãos da Justiça Constitucional como verdadeiros árbitros da sociedade, agindo como um verdadeiro poder moderador em defesa da plena aplicabilidade das normas constitucionais e para garantir a integral efetividade da proteção aos Direitos Humanos Fundamentais.

Ademais, também é comum a afirmação de que a jurisdição constitucional sofre de um deficit democrático, ou seja, uma elite – pequeno grupo de juristas – exerce um papel de bloqueador de decisões emanadas de uma maioria presente, em favor de uma escolha constitucional formulada por uma maioria antepassada (STAMATO, 2005, p. 96).

Constata-se o surgimento do fenômeno da judicialização, intrinsecamente ligado ao processo de progressiva ampliação do campo de atuação da jurisdição, ou seja, a majoração da área de exercício jurisdicional, além do conhecido fenômeno do ativismo judicial, também relacionado a uma jurisprudência de valores. Diante disso, os Tribunais se estabelecem como "senhores da Constituição" (LEAL, 2013).

Com precisão, conforme assevera Pozzolo (2010, p. 166-167):

> En la medida en que se consolida una concepción neoconstitucionalista de la Constitución, se produce una correspondiente percepción de la realidad, sobre todo por parte de los operadores del derecho y, más em general, de los intérpretes. Esta percepción, una vez estabilizada, direcciona la praxis de los operadores, retroactúa sobre ellos (también de forma inconsciente) y termina así por reconfigurar la realidad según la concepción neoconstitucionalista, radicando la idea según la cual esta última es la expresión necesaria de aquella realidad y no, más bien, una ideología contingente.

Não obstante, o neoconstitucionalismo define-se, nesse contexto, "como um movimento próprio do constitucionalismo contemporâneo, que implica, fundamentalmente, a mudança de atitude dos operadores jurídicos, a qual determina consideráveis alterações na prática jurídica" (MÖLLER, 2011, p. 43).

Entre as várias causas que contribuíram para a transformação da natureza da jurisdição constitucional, podem ser citados o caráter principialista da Constituição, a supremacia constitucional e a dimensão objetiva dos direitos fundamentais, agora analisados como vinculantes (LEAL, 2013). Portanto, esses vários fatores tiveram como resultado o protagonismo do Poder Judiciário, eis que lhe são transferidas inúmeras decisões estratégicas acerca de temas fundamentais para a sociedade, convertendo-se o Direito em um Direito judicial, ou seja, do caso concreto.

No Brasil, decisões como a constitucionalidade das ações afirmativas (ADPF 186), especialmente em casos de cotas para estudantes negros em universidades públicas, e a possibilidade de interrupção da gestação de anencéfalos (ADPF 54) foram incumbência do Supremo Tribunal Federal, chamado a decidir sobre matérias que, em tese, competiriam a outros Poderes. Consequentemente, algumas decisões de cunho político consolidam-se, essencialmente, no âmbito judicial, o que é o caso do fornecimento de medicamentos e de vagas em creches.

O ativismo judicial apresenta-se, certamente, em uma perspectiva interna desse contexto de intensificação da atuação judicial, relacionada especificamente ao exercício das competências pelo Poder Judiciário, consistindo, dessa forma, em uma postura proativa do julgador (LEAL, 2013). O ativismo, portanto, relaciona-se mais com a forma de julgar do que com o que se julga.

Cita-se como uma das causas do ativismo judicial, no que é relevante para o presente estudo, a abertura interpretativa, por meio de uma postura expansiva e ativa dos julgadores, que, não raramente, interpretam contrariamente ao próprio texto constitucional, como ocorreu no Brasil com a recente decisão do Supremo Tribunal Federal reconhecendo como entidade familiar a união homoafetiva (ADPF 132).

As críticas ao ativismo judicial resultam, normalmente, de argumentos no sentido de que os julgadores extrapolariam os limites das competências fixados por uma Constituição, invadindo o campo de atuação dos demais Poderes e causando risco ao sistema democrático, além da violação ao princípio da separação dos poderes (LEAL, 2013).

Assim, para melhor delimitação da margem de atuação do ativismo judicial, é imprescindível definir o que demanda a interpretação constitucional atual e quais os limites da discricionariedade caracterizadora do ativismo judicial.

3 O CARÁTER PRINCIPIOLÓGICO E ABERTO DA CONSTITUIÇÃO E SUA CONSEQUENTE INTERPRETAÇÃO

A hermenêutica jurídica é um domínio teórico, tendo por objeto a formulação, o estudo e a sistematização dos princípios e regras de interpretação do direito, enquanto a interpretação é a atividade prática de revelar o conteúdo, o significado e o alcance de uma norma, tudo isso tendo como finalidade fazê-la incidir em um caso concreto. Por fim, a aplicação da norma jurídica é a fase final do processo interpretativo, ou seja, sua concretização pela efetiva incidência do preceito sobre a realidade de fato (BARROSO, 2009b).

Especificamente sobre a interpretação constitucional, sabe-se que ostenta especificidades que a diferenciam da interpretação em geral, as quais derivam do princípio da supremacia da Constituição e são necessárias ao sentido da estrutura normativa brasileira. Todavia, tais pontos não são suficientes para uma distinção absoluta entre ambas, sendo possível falar em uma interpretação una.

> A interpretação constitucional serve-se de alguns princípios próprios e apresenta especificidades e complexidades que lhe são inerentes. Mas isso não a retira do

âmbito da interpretação geral do direito, de cuja natureza e características partilha. Nem poderia ser diferente, à vista do princípio da unidade da ordem jurídica e do conseqüente caráter único de sua interpretação. (BARROSO, 2009b, p. 108)

Ao se falar em hermenêutica constitucional, deve-se considerar, principalmente, a posição hierárquica da Constituição Federal no ordenamento jurídico, a qual ostenta superioridade que a mantém no ápice da estrutura normativa. Logo, é cediço que "no centro do sistema, irradiando-se por todo o ordenamento, encontra-se a Constituição, principal elemento de sua unidade, porque a ela se reconduzem todas as normas no âmbito do Estado" (BARROSO, 2009b, p. 141).

É incontestável que a Constituição brasileira ostenta posição de supremacia em relação aos outros atos normativos, decorrência do fato de se tratar de Constituição rígida, além da adoção pela doutrina pátria das noções de poder constituinte e poder constituído. Nesse diapasão, com a elevação da Constituição ao zênite da estrutura normativa, todas as normas inferiores recebem seus efeitos, especialmente as consequências decorrentes da interpretação constitucional.

Portanto, a interpretação constitucional é apta a irradiar efeitos em todos os outros atos normativos vigentes, o que decorre do princípio da supremacia da Constituição.

Dessa forma, a superioridade jurídica, a superlegalidade e a supremacia da Constituição são o ponto nevrálgico da interpretação constitucional, pois conferem à Lei Maior o caráter paradigmático e determinante do restante do ordenamento jurídico, não podendo nenhum ato subsistir validamente no âmbito do Estado se for contrário ao seu sentido (BARROSO, 2009b, p. 111).

Ademais, insta salientar que toda a interpretação constitucional deve pressupor a superioridade jurídica da Constituição Federal sobre os outros atos normativos, não podendo nenhum ato normativo subsistir validamente em caso de incompatibilidade com a Constituição. É nesse contexto que se insere o perigo da discricionariedade/arbitrariedade na interpretação sob o manto do ativismo judicial, que, dependendo apenas do "arbítrio" ou da "vontade" do julgador sobre um tema constitucional, pode atingir uma estrutura normativa que lhe deve sucumbência.

Quando se aborda os objetivos da interpretação constitucional, os ensinamentos de Barroso (2009b, p. 110) são fundamentais:

> O objeto da interpretação constitucional é a determinação dos significados das normas que integram a Constituição formal e material do Estado. Essa interpretação pode assumir duas modalidades: a) a da aplicação direta da norma constitucional, para reger uma situação jurídica – por exemplo: a aposentadoria de um funcionário, o reconhecimento de uma imunidade tributária, a realização de um plebiscito sobre a fusão de dois estados etc.; b) ou a de uma operação de controle de constitucionalidade, em que se verifica a compatibilidade de uma norma infraconstitucional com a Constituição. No primeiro caso, a norma constitucional incide como qualquer outra, e, se for instituidora de um direito subjetivo, ensejará a tutela judicial, caso não seja cumprida espontaneamente. No segundo, a norma não vai reger qualquer situação individual, não vai ser aplicada a qualquer caso concreto, funcionando como mero paradigma em face do qual se vai aferir a validade formal ou material de uma lei inferior.

Entrementes, ao se postular a necessidade de métodos próprios para a interpretação constitucional, destaca-se a distinção entre Constituição e demais leis. Em razão disso, lei e Constituição possuem inúmeras diferenças significativas, das quais surgem distinções, também relevantes, nos respectivos processos de realização ou aplicação, diferenças muito bem delineadas pelos neoconstitucionalistas, para os quais "o constitucionalismo contemporâneo se caracteriza pelos seguintes postulados básicos: a) mais princípios do que regras; b) mais ponderação do que subsunção; c) mais juízes do que legisladores; e d) mais Constituição do que lei" (COELHO, 2011, p. 29). Como já ficou explicitado, as normas constitucionais são essencialmente principiológicas e, em razão disso, apresentam uma abertura enorme, motivo pelo qual ostentam vários conceitos jurídicos indeterminados e cláusulas gerais. A referida característica é assim exposta por Barroso (2009b, p. 111):

> A natureza da linguagem constitucional, própria à veiculação de normas principiológicas e esquemáticas, faz com que estas apresentem maior abertura, maior grau de abstração e, consequentemente, menor densidade jurídica. Conceitos como os de igualdade, moralidade, função social da propriedade, justiça social, bem comum, dignidade da pessoa humana, dentre outros, conferem ao intérprete um significativo espaço de discricionariedade.

Também urge destacar que a jurisdição

constitucional relaciona-se intensamente com a política, haja vista que as normas constitucionais são muito lacunares e com um forte caráter principiológico, abrindo margens maiores de interpretação. Logo, o objeto do controle do tribunal constitucional consiste na própria política (GRIMM, 2006b).

Nesse esteio, a reaproximação do direito com a moral no pós-Segunda Guerra sofreu um redimensionamento pela hermenêutica, mormente com o neopositivismo, proposta teórica de superação da antinomia entre positivismo e jusnaturalismo, a partir da interface entre a Filosofia Política e a Filosofia do Direito, verdadeiras áreas de investigação de pontos concernentes à ordem jurídica legítima. Ademais, outra circunstância que contribui para a crítica da clássica concepção estritamente jurídica da teoria do direito, nos moldes do positivismo analítico de Herbert Hart e do positivismo normativo de Hans Kelsen, consiste na teoria dos sistemas de Niklas Luhmann, que encontrou arrimo nos trabalhos de Ronald Dworkin, Chaïm Perelman e Robert Alexy, objetivando ressaltar a relevância dos princípios gerais de direito, refletindo sobre o papel desempenhado pela hermenêutica jurídica e a importância da perspectiva argumentativa na compreensão da aplicação do direito nas sociedades democráticas contemporâneas (BARROSO, 2010). Nas palavras de Gomes (2011, p. 34):

> Explicar o papel de uma nova hermenêutica constitucional adequada ao paradigma do Estado Democrático de Direito exige prévia consideração a respeito da construção de sentido para o Direito, por meio de suas conexões com o ser humano. Há de se levar em conta a natureza multidimensional deste e sua condição no mundo. Assim, o Direito, o Estado e a hermenêutica constitucional ganham sentido na medida em que são colocados como fatores capazes de abrir possibilidades para o homem viver com sentido sua própria existência e realizar-se o mais plena e integralmente possível como ser humano. Para isso, destaca-se a necessidade da convivência democrática, embasada em um conjunto de valores compartilhados por todos, em razão de suas semelhanças e diferenças. Tal convivência deve ser sustentada pela compreensão, fruto do diálogo que engloba em si a razão (logos) – para entender os caminhos possíveis; a prudência (phrónesis) – para escolher entre as várias possibilidades – e a vontade (voluntas) de concretizar o que foi escolhido, para que os objetivos sejam alcançados.

Ao se utilizar dessa abertura textual, necessária para reaproximar os valores morais e o direito, a Constituição permite construções das mais variadas, seja na interpretação ou na aplicação. É cediço que a tarefa do intérprete é maior quanto maior seja o número de expressões polissêmicas ou de difícil compreensão no texto constitucional. Assim, o risco que se corre em tais sistemas abertos é o da criação do direito, ou seja, da atuação do julgador como legislador positivo.

Aqui não se está defendendo a postura do juiz como mero repetidor da lei, mas há de se ressaltar essa zona cinzenta entre a declaração/compreensão do que está previsto no texto legal e a criação de algo que apenas implicitamente poderia estar disposto na norma.

Nas palavras de Barroso (2009b, p. 133-134):

> Já se deixou consignado, anteriormente, que uma das singularidades das normas constitucionais é o seu caráter sintético, esquemático, de maior abertura. Disso resulta que a linguagem do texto constitucional é mais vaga, com emprego de termos polissêmicos (tributos, servidores, isonomia) e conceitos indeterminados (assuntos de interesse local, dignidade da pessoa humana. É justamente dessa abertura de linguagem que resultam construções como: (a) legitimados os fins, também estarão os meios necessários para atingi-los; (b) se a letra da norma assegura o direito a mais, está implícito o direito a menos; (c) o devido processo legal abriga a idéia de procedimento adequado e de razoabilidade substantiva. Desnecessário enfatizar que tal característica amplia a

discricionariedade do intérprete, que há de adicionar um componente subjetivo resultante de sua própria valoração para integrar o sentido dos comandos constitucionais.

Admite-se que toda compreensão e todo conhecimento tem, de certa forma, uma criação, razão pela qual tais posturas não são excludentes, mas sim conjuntas e complementares. Nesse diapasão, Coelho (2011, p. 22), com idêntico pensamento, leciona que "se não existe interpretação sem intérprete e o conhecimento do objeto é igual ao objeto do conhecimento, então, é de se admitir, pelo menos no plano gnosiológico, que o conhecer e o criar não são atos contrapostos, mas, antes, complementares."

Insta salientar que a abertura da Constituição, com termos polissêmicos, tem como função a possibilidade de sua aplicação a casos que não foram pormenorizadamente previstos. Em outras palavras, a Constituição se utiliza de expressões vagas (igualdade, segurança, interesse público, devido processo legal, dignidade da pessoa humana etc) porque se destina a alcançar situação não expressamente detalhadas no texto. Vai-se além da interpretação, como mera atribuição de sentido a textos existentes, chegando-se a uma construção, ou seja, atividade de tirar conclusões que estão fora das expressões contidas no texto, colhendo-as do espírito da norma (BARROSO, 2009a).

Portanto, é possível a construção do direito quando o intérprete tem como objeto de sua atividade uma norma de conteúdo polissêmico, desde que observe o espírito da Constituição e o conjunto de princípios vigentes na sua estrutura.

A atividade do jurista não pode ser passiva, como mero aplicador do que está expressamente previsto, uma vez que a complexidade das relações humanas não permite ao legislador prever todas as possíveis situações. Logo, não há leis – tampouco Constituição – suficientemente detalhadas para todas e quaisquer situações da vida. Interpretar, assim, também é construir.

Nas lições de Coelho (2011, p. 22):

> Diante da realidade que lhe é dada – nesta compreendidos não somente os fatos postos a seu exame, mas também todo o universo normativo que delimita o seu espaço de manobra na decisão do caso concreto –, o operador do direito 'constrói' a norma de decisão ou a norma do caso, embora se afirme, usualmente, que nessa atividade ele apenas 'aplica' o direito à espécie.

4 DISCRICIONARIEDADE E ATIVISMO: A IMPRESCINDIBILIDADE DE LIMITES À ATIVIDADE JUDICIAL

Como referido, as normas constitucionais possuem um caráter significativamente principialista, havendo maior margem de interpretação e exigindo processos de concretização mais abertos (LEAL, 2013). Nesse contexto, o ativismo judicial é uma tendência de um determinado modo de interpretação e aplicação da Constituição, sendo, assim, distinto do conceito de judicialização.

Segundo Leal (2007, p. 61):

> Nesse contexto, em que a Constituição pode ser designada, de certa forma, como um conjunto de fórmulas abertas, 'vazias' (Ansammlung von Leerformeln) – num sentido principiológico, carente de concretização, deixe-se claro – a limitação dessa vagueza passa a se dar, então, por meio das decisões do Tribunal mesmo, que precisa lidar não só com a imprecisão, mas também com a plurivocidade inerente às disposições legais (isto sem contar os conflitos que se estabelecem no interior da própria ordem jurídica).

Por sua vez, Möller (2011, p. 219) assim se manifesta sobre as possibilidades diante do conjunto poliédrico de interpretações possíveis em face da abertura principiológica:

> (...) os termos abertos presentes nos princípios, ao mesmo tempo em que

ampliam sensivelmente a necessidade de uma construção de sentido jurídico por parte dos operadores jurídicos, permitem que, dentro de um mesmo enunciado, possa se incluída uma gama amplíssima de considerações morais ou subjetivas, opiniões políticas, 'elocubrações cerebrinas', disparates, absurdos, brilhantes raciocínios; enfim, tudo aquilo que seja permitido pela ausência de limites linguísticos claros. Diferentemente das regras – que também necessitavam da atribuição de sentido jurídico em termos mais vagos presentes em alguns enunciados – pode-se dizer em relação aos princípios, que esta é uma de suas características principais: a de permitir uma ampla possibilidade de variação semântica.

Logo, o grande problema é definir "quais os critérios que devem pautar a decisão do juiz constitucional a fim de que o Direito permaneça objetivo (aquilo que é) e não descambe para um subjetivismo (aquilo que um juiz acredita que deve ser)" (STAMATO, 2005, p. 97).

Como decorrência necessária e imediata da supremacia e da aplicabilidade direta dos preceitos constitucionais, uma das características do neoconstitucionalismo – mais juízes do que legisladores – vem a demonstrar o reconhecimento dos julgadores como legítimos criadores do direito e não como simples reveladores de uma suposta e indefinível vontade da lei ou do legislador, que, nessas condições estáticas, não resolvem os problemas suscitados pela sociedade (COELHO, 2009, p. 5). Portanto, não há vedação de que um tribunal constitucional ultrapasse o limite legal a ele imposto para, ele mesmo, realizar a política (GRIMM, 2006b).

Há um deslocamento da discricionariedade que sempre caracterizou a atividade legislativa para a atuação judicial, exercente, em caráter supletivo, das funções negligenciadas pelos Poderes Executivo e Legislativo.

> [...] a discricionariedade, que antes poderia ser compreendida como sendo destinada tão somente ao legislador, é estendida, igualmente, para o âmbito jurisdicional, resultando, daí, muitas das construções da jurisdição constitucional, por vezes criticadas em sua legitimidade democrática.
>
> O caráter principiológico reforça, então, mais uma vez, a abertura referida anteriormente, pois, enquanto ordens (mandamentos) de otimização que são (Optimierungsgebote), os princípios podem ser realizados em diferentes níveis, sobretudo, quando se está diante de uma colisão. (LEAL, 2007, p. 77).

Ora, para que se admitisse uma total despolitização

interna da aplicação do direito, dever-se-ia pressupor que as normas editadas possibilitassem a decisão de todos os fatos, o que somente seria possível se na legislação não existissem lacunas ou contradições, ou seja, estivessem previstas todos os casos possíveis de ocorrer, o que é impossível. Todas as normas jurídicas dependem, no momento da aplicação, de esclarecimentos pela concretização e interpretação, especialmente por influências da pré-compreensão dos juízes (GRIMM, 2006b).

Por outro lado, não se deve extrair o conteúdo das normas e deixar seu preenchimento ao alvedrio dos juízes. Especialmente no Brasil, há várias "técnicas" e "lições" que objetivam incentivar essa discricionariedade de cunho arbitrário, como aponta com habitual maestria Streck (2011, p. 33):

> Para além da operacionalidade stricto sensu, a doutrina indica o caminho para a interpretação, colocando a consciência ou a convicção pessoal como norteadores do juiz, perfectibilizando essa 'metodologia' de vários modos. E isso 'aparecerá' de várias maneiras, como na direta aposta na:
> a) interpretação como ato de vontade do juiz ou no adágio 'sentença como sentire';
> b) interpretação como fruto da subjetividade judicial;

c) interpretação como produto da consciência do julgador;
d) crença de que o juiz deve fazer a 'ponderação de valores' a partir de seus 'valores'.
e) razoabilidade e/ou proporcionalidade como ato voluntarista do julgador.
f) crença de que 'os casos difíceis se resolvem discricionariamente';
g) cisão estrutural entre regras e princípios, em que estes proporciona(ria)m uma 'abertura se sentido' que deverá ser preenchida e/ou produzida pelo intérprete.

No Brasil, é excessiva a preponderância da análise judicial em matérias políticas e de incumbência classicamente de outros Poderes. Assim, "haveria atualmente no Brasil um sistema de revisão judicial no qual a tensão entre o monopólio interpretativo da corte e a democracia foi elevada ao máximo grau" (COSTA, 2014, p. 187).

Os críticos, por sua vez, responsabilizam a compreensão jurídico-objetiva dos direitos fundamentais pela enorme discricionariedade na interpretação dos mencionados direitos e dos princípios constitucionais, da mesma forma que a consequente perda de racionalidade da aplicação jurídica. Além disso, consideram tal compreensão a causa mais relevante da usurpação de competências políticas pelos tribunais. Isto porque, permitindo-se a supracitada discricionariedade, abre-se espaço para maior atuação do Judiciário, inclusive invadindo esferas de outros Poderes (GRIMM, 2006).

Ademais, insta salientar que a doutrina que demonstra preocupação com o estabelecimento de limites ao papel e as funções da jurisdição constitucional, por entender que o exercício do judicial review é sempre uma violação à vontade da maioria, representada pelo Legislativo, denomina-se de doutrina da self-restraint ou doutrina da autocontenção judicial (BARBOZA, 2007, p. 116).

Conquanto tenha adeptos no Brasil, os limites do ativismo judicial são pouco debatidos, se comparados com outros países que possuem maior maturidade acadêmica acerca da (im)possibilidade da discricionariedade judicial sob o manto do ativismo.

> Trata-se do modo tabula rasa como tem sido empregado o termo ativismo judicial. Note-se: nos Estados Unidos, a discussão sobre o governo dos juízes e sobre o ativismo judicial acumula mais de duzentos anos de história. Quanto a isso, basta recordar que o mesmo Marshall que instituiu o precedente que consagrou a judicial review foi também quem iniciou, no case McCulock v.s. Maryland, a tradição do judicial self restraint. Sintomático,

também, que a segunda decisão em sede de controle de constitucionalidade nos EUA só se deu cinquenta e dois anos depois da primeira. (STRECK, 2011, p. 22-23)

O ativismo judicial não deve se tornar uma forma habitual de exercício da jurisdição constitucional, mas apenas exceção diante de verdadeiras inércias ou equívocos dos outros Poderes, sob pena de se subverter todo o ideal democrático, tornando regra o que deveria ser excepcional. Aliás, não se nega que, "muitas vezes, na busca frenética de construções novas, escapa-se da verdadeira dimensão do que seja determinado ordenamento jurídico, para que serve, quais seus destinatários e qual sua razão própria de ser" (LEIRIA, 2009, p. 185). Quando isso acontece, há, por mais nobre que possa parecer a intenção do intérprete, violação do princípio da separação dos poderes e risco ao equilíbrio constitucional.

Nas coerentes palavras de Lobato (2014, p. 189)

> O ativismo judicial crescente, para a afirmação e concretização dos direitos fundamentais, tem nos apresentado como um mecanismo de reproduzir o passado no presente, impedindo a projeção de um futuro que reconstrua o passado a partir de um exercício hermenêutico. É no exercício de uma hermenêutica constitucionalmente

adequada que será marcada a distinção entre densificação e descumprimento dos princípios fundamentais.

É imprescindível que a atividade dos juízes, conquanto concretize direitos fundamentais negligenciados pelos demais Poderes, seja limitada e se afaste da discricionariedade caracterizadora do decisionismo. A atividade judicial não pode ser "uma mera adesão a normas positivadas (normativismo) nem pode criar o direito ex nihilo (decisionismo), mas está obrigado a dar continuidade, em cada caso, à discussão democrática que se expressa nas leis e decretos dos poderes legitimados pelo voto popular" (BARZOTTO, 2003, p. 191).

Aliás, na tarefa de aplicar o Direito os magistrados não podem desconsiderar que estão julgando serem humanos e que, em inúmeros casos, os direitos fundamentais postulados são essenciais para uma sobrevivência digna. Assim, "no direito-dever de julgar, o efeito da interpretação não é algo lírico que fica contido no mundo das ideias, mas alcança terrivelmente pessoas de carne-e-osso, como regra muito mais osso-do-que-carne" (CARVALHO, 2011, p. 5).

5 CONCLUSÃO

A solução para o excesso de discricionariedade judicial não é propor o fim da abertura constitucional, com o consequente engessamento das disposições constitucionais. A importância da abertura constitucional é notória, especialmente porque possibilita a adequação no tempo e no espaço, possibilitando, por conseguinte, que os direitos fundamentais exerçam efetivamente a função para a qual foram instituídos.

O que deve pautar a atuação dos juízes e tribunais no Brasil é o recurso ao ativismo judicial como exceção, apenas quando a norma constitucional é lacunosa, contraditória ou omissa, ou seja, quando significa verdadeira violação de direitos fundamentais.

Ainda assim, o ativismo judicial não pode, sob o pretexto de um substancialismo desregrado, ampliar-se além da interpretação que é permitida pelo texto constitucional, sob pena de a discricionariedade judicial – e a face oculta do decisionismo – resultar naquilo que, inegavelmente, violaria o ideal democrático e outros direitos fundamentais: a arbitrariedade e o subjetivismo. Teríamos um contestável "governo dos juízes", que não apenas possuem o atual poder de controlar a constitucionalidade das leis e aplicá-las aos casos concretos, mas também teriam o poder de criá-las para o caso concreto ou, pior, para hipóteses abstratas, especialmente pelo controle de constitucionalidade concentrado, que possui efeitos vinculantes e "erga omnes".

Noutras palavras, caso se admitisse a discricionariedade exacerbada no ativismo judicial com fundamento na proteção de direitos fundamentais não assegurados adequadamente na Constituição, violar-se-iam os outros direitos fundamentais, estes sim previstos constitucionalmente, como o princípio da separação dos Poderes – que significa o direito fundamental à representação da multiplicidade de ideologias e culturas no poder decisório – e o princípio da legalidade – para muitos resultante na almejada ou mitológica segurança jurídica.

Conclui-se, destarte, que a nova estrutura constitucional, nitidamente preocupada com valores morais e com a possibilidade de abertura das normas constitucionais – sobretudo dos princípios – às inúmeras demandas sociais, exige um hercúleo e cuidadoso trabalho dos julgadores na definição dos conteúdos normativos, não se permitindo, contudo, que a discricionariedade típica do ativismo judicial se torne regra e, sem dúvidas, uma arbitrariedade por parte da minoria julgadora em face da maioria eleitora.

REFERÊNCIAS

ALVES, Fernando de Brito. *Constituição e participação popular*: A construção histórico-discursiva do conteúdo jurídico-político da democracia como direito fundamental. Curitiba: Juruá, 2013.

BAHIA, Alexandre Gustavo Melo Franco. Fundamentos da Teoria da Constituição: a dinâmica constitucional no Estado Democrático de Direito brasileiro. In: FIGUEIREDO, Eduardo Henrique Lopes et al (coord.). *Constitucionalismo e democracia*. Rio de Janeiro: Elsevier, 2012, p. 101-125.

BARBOZA, Estefânia Maria de Queiroz. *Jurisdição constitucional*: entre constitucionalismo e democracia. Belo Horizonte: Fórum, 2007.

BARROSO, Luís Roberto. *Curso de direito constitucional contemporâneo*: os conceitos fundamentais e a construção do novo modelo. São Paulo: Saraiva, 2009.

_____. *Interpretação e aplicação da Constituição*: fundamentos de uma dogmática constitucional transformadora. 7. ed. rev. São Paulo: Saraiva, 2009b.

BARZOTTO, Luis Fernando. *A democracia na Constituição*. São Leopoldo: Unisinos, 2003.

CADEMARTORI, Luiz Henrique Urquhart; DUARTE, Francisco Carlos. *Hermenêutica e argumentação neoconstitucional*. São Paulo: Atlas, 2009.

CAMARGO, Magarida Maria Lacombe. *Hermenêutica e argumentação*: uma contribuição ao estudo do direito. 3. ed. Rio de Janeiro: Renovar, 2003.

CARBONELL, Miguel. El neoconstitucionalismo: significado y niveles de analisis. In: _____; JARAMILLO, L. G. (Org.). *El Canon neoconstitucional*. Madrid: Trotta, 2010. pp. 153-164.

CARVALHO, Amilton Bueno de. *Eles, os juízes criminais, vistos por nós, os juízes criminais*. Rio de Janeiro: Lumen Juris, 2011.

COELHO, Inocêncio Mártires. *Interpretação constitucional*. 4. ed. São Paulo: Saraiva, 2011.

_____. O poder normativo da jurisdição constitucional: o caso brasileiro. In: LIMA, Francisco Meton Marques de; PESSOA, Robertônio Santos (orgs.). *Constitucionalismo, direito e democracia*. Rio de Janeiro: GZ Ed., 2009. p. 1-12.

COSTA, Taiz Marrão Batista da. *Jurisdição constitucional*: poder constituinte, controle de constitucionalidade e força vinculante dos precedentes judiciais. Curitiba: Juruá Editora, 2014.

GAVIÃO FILHO, Anizio Pires. *Colisão de direitos fundamentais, argumentação e ponderação.* Porto Alegre: Livraria do Advogado Editora, 2011.

GOMES, Sergio Alves. *Hermenêutica constitucional*: um contributo à construção do Estado Democrático de Direito. 3. ed. Curitiba: Juruá, 2011.

GRIMM, Dieter. *Constitucionalismo y derechos fundamentales.* Traducción de Raúl Sanz Burgos y José Luis Muñoz de Baena Simón. Madrid: Trotta, 2006. pp. 155-174.

_____. *Constituição e política.* Tradução de Geraldo de Carvalho. Belo Horizonte: Del Rey, 2006. pp. 3-20.

LEAL, Mônia Clarissa Hennig. *Jurisdição Constitucional aberta.* Rio de Janeiro: Lumen Juris, 2007.

_____. *Jurisdicción constitucional, judicialización y activismo judicial desde la perspectiva del Supremo Tribunal Federal brasileño.* Sevilla: Punto Rojo Libros, 2013. pp. 133-162.

LEIRIA, Maria Lúcia Luz. *Jurisdição constitucional e democracia*: uma análise fenomenológica de manifestações decisórias em sede de controle difuso de constitucionalidade. Florianópolis: Conceito Editorial, 2009.

LOBATO, Marthius Sávio Cavalcante. *A reconstrução da jurisdição constitucional*: a garantia constitucional dos direitos fundamentais sociais. São Paulo: LTr, 2014.

MÖLLER, Max. *Teoria geral do neoconstitucionalismo*: bases teóricas do constitucionalismo contemporâneo. Porto Alegre: Livraria do Advogado, 2011.

MORAES, Alexandre de. *Jurisdição constitucional e tribunais constitucionais*: garantia suprema da Constituição. São Paulo: Atlas, 2013.

MORAIS, José Luis Bolzan de; NASCIMENTO, Valéria Ribas do. *Constitucionalismo e cidadania:* por uma jurisdição constitucional democrática. Porto Alegre: Livraria do Advogado Editora, 2010.

MOTTA, Moacyr Parra. *Interpretação constitucional sob princípios.* Belo Horizonte: Mandamentos, 2003.

POZZOLO, Susanna. Reflexiones sobre la concepción neoconstitucionalista de la Constitución. In: ____; JARAMILLO, L. G. (Org.). *El Canon neoconstitucional.* Madrid: Trotta, 2010. pp. 165-184.

SILVA, Nanci de Melo e. *Da jurisdição constitucional.* Belo Horizonte: Del Rey, 2002.

STAMATO, Bianca. *Jurisdição constitucional.* Rio de Janeiro: Editora Lumen Juris, 2005.

STRECK, Lenio Luiz. A resposta hermenêutica à discricionariedade positivista em tempos de pós-positivismo. *In:* DIMOULIS, Dimitri; DUARTE, Écio Oto (orgs.). *Teoria do direito neoconstitucional*: superação ou reconstrução do positivismo jurídico? São Paulo: Método, 2008. p. 285-315.

_____. *Jurisdição constitucional e decisão jurídica.* 4ª ed. São Paulo: Editora Revista dos Tribunais, 2014.

_____. *O que é isto* – decido conforme minha consciência? 4. ed. rev. Porto Alegre: Livraria do Advogado Editora, 2011.

O CONTROLE JURISDICIONAL DE POLÍTICAS PÚBLICAS IMPLEMENTADORAS DO MÍNIMO EXISTENCIAL

RESUMO

A contemporaneidade trouxe à tona as desigualdades sociais e a pobreza, sendo o Estado chamado a atuar na mitigação desses problemas por meio de políticas públicas que assegurem uma vida digna na sociedade. Contudo, diversos fatores, como a burocracia e a limitação orçamentária, inviabilizam a plena efetivação das políticas públicas idealizadas pelos Poderes Legislativo e Executivo. Assim, atualmente, o Poder Judiciário é chamado ao cenário da concretização das políticas públicas, em face, na maioria das vezes, da insuficiência de eficácia por parte dos demais Poderes, devendo ter um papel ativo na efetivação dos direitos fundamentais, especialmente quanto ao núcleo intangível de direitos básicos para uma sobrevivência digna. Desse forma, com o objetivo de suprir inércias e descasos de outros Poderes, o Judiciário se incumbe de decisões políticas fundamentais e assegura o que denominamos de mínimo existencial, tentando superar as condições inerentes de pobreza de uma sociedade desigual e poliédrica.

Palavras-chave: Judiciário; Mínimo existencial; Políticas públicas.

1 INTRODUÇÃO

A pobreza não é uma opção, mas sim uma imposição social, da mesma forma que a desigualdade não é somente medida por números, mas também sentida na pele por aqueles que não a superam. Nesse diapasão, entre o existir e o viver dignamente há enorme diferença. Existir de forma apenas formalmente igualitária e com direitos meramente oníricos é viver aceitando limitações da sua condição socioeconômica, não reivindicando a tão almejada – e desrespeitada – igualdade.

Portanto, deve-se reconhecer um conjunto mínimo de direitos fundamentais, os quais devem necessariamente ser assegurados pelo Estado, seja pela edição de normas – Legislativo –, seja pela aplicação administrativa, executória e fática dessas normas – Executivo –, possibilitando a todos condições dignas de existência.

Entrementes, limitações orçamentárias, priorização de aspectos econômicos e outras questões diversas inviabilizam a efetivação desse mínimo necessário de direitos, tornando imprescindível a atuação do Poder Judiciário na definição ou concretização das políticas públicas necessárias.

Nesse diapasão, abordar-se-á como as políticas públicas implementadoras do mínimo existencial são imprescindíveis para uma existência digna e para a superação, ainda que não significativa, da pobreza e da exclusão social. Da mesma forma, demonstrar-se-á como o Poder Judiciário, classicamente desincumbido da função de controle político – ou da política –, deve atuar, ainda que supletivamente, na concretização dessas políticas públicas, permitindo a busca da igualdade material e da justiça social.

O desiderato da presente pesquisa, portanto, é destacar o mínimo existencial como limitador das desigualdades por meio de suas respectivas políticas públicas e, supletivamente, por meio da atuação do Poder Judiciário na implementação destas.

Justifica-se a presente pesquisa em razão do enorme debate atual sobre a desigualdade e a exclusão social, assim como o controle jurisdicional dessas políticas públicas, seja de forma positiva – exigindo o cumprimento –, seja de forma negativa, como no controle de constitucionalidade dessas políticas. Dessa forma, o assunto está intimamente ligado ao tema da gestão de políticas públicas, mormente sobre a quem cabe, precipuamente, essa gestão, também entendida como controle. Ademais, o Constitucionalismo Contemporâneo gravita em torno dos conceitos de direitos fundamentais, preocupando-se sobremaneira com as políticas públicas que os concretizam.

O método de abordagem é hipotético-dedutivo, uma vez que se indaga por meio da razão e da formulação de hipótese o controle jurisdicional de políticas públicas asseguradoras do mínimo existencial como forma de tentativa de superação das desigualdades. O método de procedimento é monográfico e a pesquisa, essencialmente bibliográfica, é aplicada, com o desiderato de se obter aportes teóricos para aplicação prática, em detrimento de uma pesquisa meramente pura, que objetiva o avanço da ciência sem aplicação prática imediata ou mediata. A abordagem do problema será por uma pesquisa qualitativa, afastando-se de uma abordagem meramente quantitativa ou estatística.

2 DESIGUALDADE E POBREZA: O ENFRAQUECIMENTO SOCIAL

O fenômeno da desigualdade não é recente,

tampouco possui termo próximo para seu fim. Vários são os confrontos, ainda que invisíveis, em busca de espaço: de um lado, a pobreza em busca da igualdade; do outro, a riqueza almejando o seu crescimento.

Precisamente sobre o mundo ocidental, as últimas décadas o cercaram de rumores a respeito de sua própria morte. Havia alguns que recuavam diante da pobreza militante e da revolta das massas, enquanto outros temiam as corrupções da riqueza (HARRINGTON, 1967, p. 03)

A contemporaneidade, na forma de pós-modernidade, globalização econômico-social ou capitalismo parasitário, traz em seu bojo a ampliação das desigualdades e das contradições.

> De fato, para a maior parte da humanidade a globalização está se impondo como uma fábrica de perversidades. O desemprego crescente torna-se crônico. A pobreza aumenta e as classes médias perdem em qualidade de vida. O salário médio tende a baixar. A fome e o desabrigo se generalizam em todos os continentes. Novas enfermidades como a SIDA se instalam e velhas doenças, supostamente extirpadas, fazem seu retorno triunfal. A mortalidade infantil permanece, a despeito dos progressos médicos e da informação. A educação de qualidade é cada vez mais inacessível. Alastram-se e aprofundam-se males espirituais e morais, como os

egoísmos, os cinismos, a corrupção. (SANTOS, 2013, p. 19-20).

Apesar da promessa de igualdade, salienta-se que os países capitalistas com apenas 21% da população mundial possuem controle de 78% da produção mundial de bens e serviços, consumindo 75% do total de energia produzida. Os trabalhadores que atuam no setor têxtil ou eletrônico em países subdesenvolvidos recebem 20 vezes menos que os trabalhadores do Velho Continente e da América do Norte, conquanto realizem as mesmas atividades e com igual produtividade.

Desde o início da década de 80, a alimentação disponível nos países do Terceiro Mundo reduziu-se a cerca de 30%. Entretanto, somente a área de produção de soja no Brasil poderia alimentar 40 milhões de pessoas se nela fossem cultivados milho e feijão. No nosso século, mais pessoas morreram de fome que em qualquer dos séculos anteriores. Da mesma forma, a distância entre países ricos e países pobres e entre ricos e pobres dentro do mesmo país não tem parado de aumentar (SANTOS, 2005, p. 23-24).

No mesmo sentido, insta salientar que, em que pese estejam presentes todas essas desigualdades, também há, progressivamente, um contexto em que os cidadãos, mormente as classes populares, possuem consciência de que essas desigualdades não são um dado adquirido, mas sim resultado de injustiças e, por conseguinte, violação de seus direitos (SANTOS, 2007, p. 09). Esse nível de percepção possibilita uma maior exigibilidade popular da superação desses distanciamentos entre classes sociais.

Historicamente, a forma quase unânime de se tornar sujeito de determinados direitos e garantir que estes fossem respeitados era por meio da luta, muitas vezes resultando em guerras ou rupturas de paradigmas.

> Todas essas grandes conquistas que se podem registrar na história do direito: a abolição da escravidão, a eliminação dos servos, a livre disposição da propriedade territorial, a liberdade da indústria, a liberdade da consciência, não têm sido adquiridas sem uma luta das mais encarniçadas e que freqüentemente tem durado vários séculos, e quase sempre banhadas em ondas de sangue. O direito é como Saturno devorando seus próprios filhos; renovação alguma lhe é possível sem romper com o passado. (JHERING, 2005, p. 14)

Recentemente, os direitos vitais são base da democracia. Um governo não é popularmente legítimo se não se dedica a efetivar direitos em todas as classes sociais e suprir necessidades. Como se sabe, surgem vozes no sentido de que a necessidade é, ao lado da liberdade e da autonomia, um conceito-chave na fundamentação dos direitos fundamentais (TUGENDHAT, 1996, p. 386).

Nesse esteio, é necessário superar enfoques que restringem a riqueza à ausência ou à insuficiência de crescimento econômico. Muitos autores propõem que pobreza e exclusão social não são combatidos apenas com mecanismos de mercado e crescimento econômico, conquanto ainda existam importantes setores da sociedade, do mercado e do poder público que seguem essa linha tradicional. Inegavelmente, o quadro é muito mais complexo (SCHMIDT, 2006, p. 1756).

Portanto, a análise da pobreza é muito mais ampla que o enfoque normalmente atribuído, merecendo uma busca permanente de soluções de suas causas e seus efeitos. Para tanto, as políticas públicas devem ser criadas e implementadas – com contínua avaliação – em consonância com as necessidades do povo.

Por outro lado, pobreza e exclusão social, embora conceitos usados habitualmente como sinônimos, possuem uma trajetória histórica nitidamente distinta. A pobreza é antiga na literatura, enquanto a exclusão social se tornou centro de debates somente nas duas últimas décadas do século XX (SCHMIDT, 2006, p. 1757).

Ademais, o segundo conceito é de importante observação quando se analisa o desiderato das políticas públicas:

> O termo exclusão social tem uma história bastante recente. Aparece em 1974, no livro 'Les Exclus", de René Lenoir, mas sua massificação ocorre a partir de fins dos anos 1980, no contexto dos debates sobre a globalização e a persistência das desigualdades em nível mundial. É um conceito polissêmico e, segundo vários críticos, um 'saco sem fundo' onde cabem todos os significados relacionados às insuficiências e aos fracassos da humanidade. (SCHMIDT, 2006, p. 1758)

O enfoque atual sobre as desigualdades sociais e a pobreza nas sociedades de mercado possui especificamente duas vertentes de relevante interesse. A primeira, de cunho mais econômico, interpreta a pobreza sob o prisma de fatores materiais pertinentes à estrutura econômica. Por outro lado, uma segunda vertente é mais sociológica, interpretando a pobreza, por conseguinte, de acordo com fatores econômicos, como cultura, valores e respectivas instituições (SCHMIDT, 2006, p. 1762).

Nesse diapasão, imprescindível inserir na análise do tema em comento o conceito de capital social, que consiste no "conjunto de redes, relações e normas que facilitam ações coordenadas na resolução de problemas coletivos e que proporcionam recursos que habilitam os participantes a acessarem bens, serviços e outras formas de capital" (SCHMIDT, 2006, p. 1760).

Desigualdade e capital social são temas correlatos, relacionando-se intimamente na problemática do estudo das políticas públicas.

> A associação entre desigualdade e capital social se verifica de diversos modos. Quando há grande distância entre ricos e pobres, os vínculos sociais entre uns e outros tendem a ser fracos. Os pobres vivem segmentados, em locais afastados do local de moradia da classe média e rica, estudam em escolas separadas, divertem-se em espaços distintos e frequentam comunidades religiosas específicas. A solidariedade social é baixa, os conflitos emergem mais facilmente e a criminalidade e a violência tendem a aumentar. (SCHMIDT, 2006, p. 1767)

Como uma das faces mais combativas das desigualdades e, logicamente, da exclusão social, temos as políticas de inclusão social, atuantes por meio da consagração, principalmente, de direitos sociais e direitos que possibilitem o próprio acesso aos outros direitos, como o acesso à justiça – fundamentalmente por meio das ações das Defensorias Públicas – e da constante educação sobre direitos.

Conforme os valorosos apontamentos de Schmidt (2006, p. 1772):

> A inclusão social é um objetivo amplo, possível somente com mudanças estruturais na economia e no sistema político, associadas a transformações culturais e nas relações sociais. Esse objetivo requer a reversão de processos que acompanharam até hoje a própria modernidade. Pobreza não é criação da modernidade, mas têm sido uma de suas marcas, a outra face do avanço tecnológico e das impressionantes conquistas nos mais diferentes âmbitos da vida social. (SCHMIDT, 2006, p. 1772)

Daí porque a superação das desigualdades e da pobreza com a viabilização do desenvolvimento é um desafio que demanda ações que extrapolemm a mera seara econômica, abrangendo também as esferas política e cultural. Nesse terreno se estabelecem os vínculos entre exclusão social e o já mencionado capital (SCHMIDT, 2006, p. 1763).

No século XXI, a pobreza e a desigualdade social continuam sendo os maiores problemas sociais das sociedades modernas, não se observando no horizonte do futuro qualquer viabilidade de superação, a curto prazo, desses óbices ao pleno desenvolvimento da pessoa humana.

De qualquer forma, a inviabilidade da plena superação desses obstáculos não torna prescindível o debate sobre políticas públicas que os mitiguem.

3 POLÍTICAS PÚBLICAS DE IMPLEMENTAÇÃO DO MÍNIMO EXISTENCIAL E DA DIGNIDADE DA PESSOA HUMANA E SEUS OBSTÁCULOS

Muitas são as classificações das políticas públicas, variando conforme o critério utilizado, como a função ou a entidade concretizadora.

> [...] há políticas públicas cujo horizonte temporal é medido em décadas – são chamadas 'políticas de Estado' – e, há outras que se realizam como partes de um programa maior, são as ditas 'políticas de governo'. Se adotássemos um critério normativo das políticas públicas, tenderíamos a dizer que as políticas públicas constitucionalizadas seriam com certeza as políticas de Estado e as políticas com suporte infraconstitucional seriam políticas de governo. Mas esse critério, é forçoso reconhecer, é um tanto falho. (BUCCI, 2006, p. 19)

Nesse diapasão, salienta-se que uma classificação

muito utilizada é a que diferencia políticas sociais e políticas econômicas ou macroeconômicas. As primeiras relacionam-se com as áreas sociais, entre as quais: saúde, seguridade, assistência social e habilitação. Por sua vez, as políticas macroeconômicas abordam basicamente as políticas fiscal e monetária (SCHMIDT, 2008, p. 2313).

Portanto, o presente trabalho ocupa-se fundamentalmente das políticas públicas sociais, mas não como um todo. Aborda-se unicamente as políticas públicas sociais que se direcionam a concretizar os mais basilares direitos sociais necessários ao mínimo existencial, assim entendido o limite entre uma existência deficitária e inferiorizada e uma vida plenamente digna.

O surgimento de uma política pública consiste em fenômeno que envolve inúmeras opiniões, avaliações, teorizações e, principalmente, riscos. Certamente, quanto maior a abrangência da política pública, maior será sua complexidade.

> A elaboração de políticas públicas é uma tarefa complexa. Levar até o fim uma determinada 'reforma política' é um processo que envolve muitos atores ao longo de várias fases do processo de formulação de políticas públicas. A tarefa requer ações específicas de parte dos agentes econômicos e sociais e, portanto, exige diversas formas de cooperação,

> além de expectativas positivas quanto a durabilidade e a outros aspectos da política. Ou seja, para que seus resultados sejam eficazes, as políticas públicas requerem muito mais do que um momento mágico na política que gere 'a política pública correta'. Não existe uma lista universal de políticas públicas 'corretas'. As políticas são respostas contingentes à situação de um país. O que pode funcionar em um dado momento da história, em um determinado país, pode não dar certo em outro lugar, ou no mesmo lugar em outro momento. (BANCO INTERAMERICANO DE DESENVOLVIMENTO, 2006, p. 15).

Desde a formulação da política pública até a sua execução, deve-se considerar que as pessoas, sujeitos de direitos, são seus únicos destinatários, razão pela qual é imprescindível a humanização da política pública.

Se o homem não é um instrumento a projetos alheios, mas derradeiramente um fim em si mesmo, as políticas públicas devem direcionar-se ao pleno desenvolvimento humano, possibilitando, sobretudo, uma vida digna, o que somente será possível se respeitados direitos mínimos dos indivíduos. Trata-se daquilo que a doutrina denomina de mínimo existencial.

Dessa forma, o mínimo existencial é a dimensão essencial e inalienável dos direitos da pessoa, incluindo aqueles direitos que demandam prestações estatais. Ademais, quanto aos níveis primários e essenciais, requisitos para o exercício da liberdade e da garantia de igualdade de oportunidades, direitos como a saúde, a assistência social, a educação, o acesso à justiça e a moradia demonstram-se como direitos fundamentais de liberdade e permissivos da igualdade de chances (SILVA, 2005, p. 189). São direitos que viabilizam o pleno desenvolvimento e a superação das desigualdades sociais e da pobreza. O mínimo existencial significa, em última análise, unidade de direitos.

> Ao mesmo tempo, a dicotomia rígida entre direitos negativos e positivos vem sendo paulatinamente superada. No lugar de uma compreensão fragmentada, passa-se a trabalhar com um conceito unitário de direitos fundamentais, sem ignorar suas diferenças, buscando-se uma teoria que atribua efetividade concreta aos direitos fundamentais sociais independentemente da atuação do legislador (intermediação legislativa infraconstitucional) ou do administrador (condução de políticas públicas). Nesse desiderato, encontra-se no mínimo existencial uma saída. (CORDEIRO, 2012, p. 26-27)

O conceito de mínimo existencial atinge maiores patamares quando se considera que, atualmente, os direitos fundamentais encontram forte proteção constitucional, seja pelo extenso rol de direitos fundamentais, seja pelo detalhamento constitucional na análise de vários desses direitos.

Assim, por meio dessa positivação jurídico-constitucional, "é possível afirmar que os direitos fundamentais encontram maior grau de efetividade, pois contam com uma estrutura jurídica capaz de obrigar os destinatários das normas respectivas ao seu devido cumprimento" (OLSEN, p. 2008, p. 31). Nesse contexto, por derivarem de mandamentos constitucionais, os direitos fundamentais devem ser cumpridos com a maior eficácia possível, constituindo-se, portanto, em ordens diretas aos Poderes constituídos. É cediço que todas as normas jurídicas possuem esse grau de eficácia e exigibilidade mínima, mas se tratando de normas constitucionais há uma intensificação.

> Como se sabe, as normas jurídicas não são conselhos, opinamentos, sugestões. São determinações. O traço característico do Direito é precisamente o de ser disciplina obrigatória de condutas. Daí que por meio das regras jurídicas não se pede, não se exorta, não se alvitra. A feição específica da prescrição jurídica é a imposição, a exigência. Mesmo quando a norma faculta uma conduta, isto é, permite – ao invés de exigi-la –, há, subjacente a esta permissão, um comando obrigatório e coercitivamente assegurável: o obrigatório impedimento a terceiros de obstarem ao comportamento facultado a outrem e a sujeição ao poder que lhes haja sido deferido, na medida e condições do

deferimento feito. (MELLO, 2011, p. 11-12)

Ademais, se as normas jurídicas já representam essa força obrigatória e coercitiva – característica que diferencia o direito da moral – o conjunto normativo constitucional possui ainda mais força. Em outras palavras, como a característica principal do direito é a imposição de condutas, a Constituição é, principalmente, um conjunto de normas que estabelecem condutas obrigatórias por parte do Estado e dos indivíduos. Destarte, mesmo nas regras programáticas, o Estado Brasileiro se constitui, imperativamente, no dever jurídico de realizá-las (MELLO, 2011, p. 12).

Não obstante, o mínimo existencial, constituído, sobretudo, pelos direitos fundamentais sociais, classifica-se e qualifica-se com ainda maior intensidade por força do princípio da dignidade da pessoa humana, vetor principal da humanização constitucional.

A dignidade da pessoa humana é um superprincípio que confere ao sistema jurídico unidade e racionalidade ética. É o princípio supremo na hierarquia das normas, irradiando sua força normativa a todos os outros princípios e direitos fundamentais, propiciando uma eficácia jurídica mais consistente (REIS, 2007, p. 2037)

Entretanto, é inegável que a dignidade da pessoa humana é um conceito de difícil definição e determinação da sua extensão, mas que qualifica todo o ordenamento jurídico, conforme lições de Sarlet (2013, p. 17-18):

> Não há como negar – a despeito da evolução ocorrida especialmente no âmbito da Filosofia – que uma conceituação clara do que efetivamente é a dignidade da pessoa humana, inclusiva para efeitos de definição do seu âmbito de proteção como norma jurídica fundamental, se revela no mínimo difícil de ser obtida. Tal dificuldade, consoante exaustiva e corretamente destacado na doutrina, decorre certamente (ao menos também) da circunstância de que se cuida de um conceito de contornos vagos e imprecisos caracterizado por sua 'ambigüidade e porosidade' assim como por sua natureza necessariamente polissêmica, muito embora tais atributos não possam ser exclusivamente atribuídos à noção de dignidade da pessoa. Uma das principais dificuldades, todavia – e aqui recolhemos a lição de Michael Sachs – reside no fato de que no caso da dignidade da pessoa, diversamente do que ocorre com as demais normas jusfundamentais, não se cuida de aspectos mais ou menos específicos da existência humana (integridade física, intimidade, vida, propriedade, etc.), mas, sim, de uma qualidade tida para muitos – possivelmente a esmagadora maioria – como inerente a todo e qualquer ser humano, de tal sorte que a dignidade – como já restou evidenciado – passou a ser habitualmente

definida como constituindo o valor próprio que identifica o ser humano como tal, definição esta que, todavia, acaba por não contribuir muito para uma compreensão satisfatória do que efetivamente é o âmbito de proteção da dignidade, pelo menos na sua condição jurídico-normativa.

A dignidade da pessoa humana, no que interessa ao presente estudo, teve, a partir do humanismo renascentista, o papel de superar progressivamente a concepção de que a dignidade estaria vinculada à posição social. A partir desse prisma, surge a dignidade autônoma e própria, inerente ao próprio ser humano e decorrente apenas dessa condição. Por conseguinte, "inicia-se, também, um processo de secularização na defesa da igual condição humana, embora sem o abandono das ideias cristãs" (CORDEIRO, 2012, p. 63).

Com efeito, a dignidade é inafastável da proposta de igualdade entre todos, motivo pelo qual, com fulcro no princípio da dignidade da pessoa humana, impõe-se ao Estado superar as desigualdades, especialmente sociais, para que, efetivamente, as pessoas sejam igualmente dignas. Portanto, as políticas públicas de cunho social instrumentalizam – ou exteriorizam – a dignidade da pessoa humana por meio de ações práticas dos Poderes constituídos, sobretudo pelo Poder Executivo.

> Assim sendo, temos por dignidade da pessoa humana a qualidade intrínseca e distintiva reconhecida em cada ser humano que o faz merecedor do mesmo respeito e consideração por parte do Estado e da comunidade, implicando, neste sentido, um complexo de direitos e deveres fundamentais que assegurem a pessoa tanto contra todo e qualquer ato de cunho degradante e desumano, como venham a lhe garantir as condições existenciais mínimas para uma vida saudável, além de propiciar e promover sua participação ativa e co-responsável nos destinos da própria existência e da vida em comunhão com os demais seres humanos, mediante o devido respeito aos demais seres que integram a rede da vida. (SARLET, 2010, p. 70).

Em que pese a dignidade da pessoa humana seja um conceito eminentemente maleável, sendo difícil se obter um consenso, principalmente em sociedades pluralistas, deve-se buscar, continuamente, um esforço em direção a um consenso mínimo, eis que, não o fazendo, perdem-se suas bases (CORDEIRO, 2012, p. 85). Nesse sentido, o consenso mínimo que se deve buscar é especificamente aquele que transparece o mínimo existencial, ou seja, direitos essenciais aos indivíduos, de acordo com um ponto de vista consensual do povo. Certamente, saúde e educação seriam direitos citados em qualquer pesquisa sobre as prioridades das verbas públicas.

Os direitos sociais podem ser considerados os mais basilares dentre os direitos fundamentais, porquanto viabilizam o acesso os outros direitos. Nas palavras de Lafer (1988, p. 127), "por isso, os direitos de crédito, denominados direitos econômico-sociais e culturais, podem ser encarados como direitos que tornam reais direitos formais: procuram garantir a todos o acesso aos meios de vida e de trabalho num sentido mais amplo".

Contudo, os direitos sociais prestacionais, normalmente deficitários e insuficientes para o respeito ao mínimo existencial, encontram barreiras quanto a sua eficácia jurídica subjetiva, englobando problemas como o modo pelo qual são formulados tais direitos, a estrutura normativa vaga e aberta, com enorme imprecisão quanto à definição do conteúdo, além das dificuldades de implementação da prestação, necessitando de uma decisão política anterior para sua concretização (QUEIROZ, 2011, p. 42)

Ademais, os mesmos direitos são, conforme parcela considerável da doutrina, os que demandam maior quantidade de recursos públicos para que sejam eficazmente concretizados, o que enfraquece as políticas públicas a eles direcionadas.

Nesse esteio, significativas são as palavras de Cordeiro (2012, p. 27):

> De outro lado, a crise do assim chamado Welfare State, agravada pela crise econômica global surgida no final de 2008, é uma realidade que não pode ser desprezada e, tampouco, subestimada. Afinal, os direitos fundamentais custam dinheiro. E se isso não é um privilégio dos direitos sociais, é inegável que o custo destes é significativamente mais elevado do que o dos direitos civis e políticos, pois a sua satisfação exige, em regra, prestações fáticas. Como consequência, é também neles que os efeitos da escassez de recursos são mais sentidos, ensejando a redução e até a supressão de direitos prestacionais básicos. Diante desses entraves, por vezes incontornáveis, o mínimo existencial passa a atuar como protagonista na garantia dos níveis essenciais das prestações sociais ligadas à dignidade da pessoa humana.

A teoria da reserva do possível, originária da jurisprudência alemã, é muito invocada como limite à realização dos direitos sociais no Brasil, inclusive aqueles que são essenciais a uma existência digna dos indivíduos. Trata-se de teoria originariamente invocada na Alemanha para impedir o direito à escolha do local de ensino naquele país, através da paradigmática decisão nº 33 do Tribunal Constitucional Federal, em que ficou consagrada a ideia de que algumas prestações do Estado estão sujeitas a uma reserva do possível – *volbehalt des Möglichen* –, razão pela qual o indivíduo só poderia esperar por prestações razoáveis (KELBERT, 2011, p. 17).

Como muito bem esclarece Maurício Junior (2009, p. 80-81), a escolha dos gastos com as políticas públicas é uma tarefa hercúlea e complexa, especialmente no Brasil:

> Este 'círculo de escolhas públicas' demonstra que as decisões sobre a implementação de prestações estatais são inexoravelmente decisões sobre alocação de recursos, em que são ponderáveis os recursos disponíveis e disponibilizáveis, os custos da prestação que se pretende implementar e os custos das demais prestações exigidas do Estado. Saber, como vimos, se uma prestação estatal atende à reserva do possível não significa apenas saber se há recursos disponíveis. Precisamos saber se aqueles recursos pendentes de alocação não estariam aplicados em prestações de maior premência; ou ainda, no caso de não haver recursos, se é possível retirá-los de outras prestações ou se é possível ainda extrair mais recursos da sociedade. Neste intricado e complexo jogo de decisões, o que se nota é a pretensão de certas disciplinas de fornecer de forma estanque a solução do problema. Economistas procuram indicar a solução através de fórmulas de maximização de eficiência na

alocação de recursos, adaptando o direito ao modelo econômico defendido. Se a Constituição se choca com o plano econômico, muda-se a Constituição. Se a realidade econômica choca-se com a Constituição, que se altere a realidade econômica. É claro que nenhuma dessas posições extremas deve prevalecer. Se o povo estabelece o Estado através de uma Constituição, esta deve ter um valor na condução política econômica, e não simplesmente legitimar qualquer condição política que se pretenda desenvolver. Todavia, a realidade econômica é um elemento de fato que deve ser considerado quando extraídas conclusões normativas a partir da interpretação da Constituição.

Na verdade, a inviabilização das políticas públicas sobre esses direitos fundamentais sociais que permitiriam a redução das desigualdades não decorre apenas da exaustão do orçamento, mas sim da opção política de não se gastar com tais direitos. Dessa forma, "o argumento de 'exaustão orçamentária' presta-se unicamente a encobrir as escolhas trágicas que deixaram de fora do universo do possível a tutela de algum direito" (GALDINO, 2005, p. 212).

Nesse diapasão, se de um lado temos o mínimo existencial e, por determinação do princípio da dignidade da pessoa humana, a necessidade de cumprimento das políticas que o assegurem, possibilitando a redução das desigualdades, do outro lado há limitações orçamentárias e obstáculos de ordem política, como entraves burocráticos e falta de apoios políticos. Em um contexto de extrema contradição como o narrado, o Poder Judiciário é – e deve ser – chamado para, por controle positivo e negativo, tornar efetivos os mandamentos constitucionais, em nome do supraprincípio da dignidade da pessoa humana.

4 O CONTROLE JURISDICIONAL DAS POLÍTICAS PÚBLICAS E A CONCRETIZAÇÃO JUDICIAL DO MÍNIMO EXISTENCIAL

Como mencionado, a formulação das políticas públicas é um fenômeno complexo. Aliás, "boa parte dos estudiosos identifica cinco fases no ciclo das políticas públicas: percepção e definição de problemas; inserção na agenda política; formulação; implementação; e, avaliação." (SCHMIDT, 2008, p. 2315).

Acreditamos que, entre essas fases, a que encontra maiores questionamentos – e deficiências – é a da implementação. Entre a idealização e a efetivação há um espaço de difícil preenchimento. Conforme Fernandez (2006, p. 476), "la existencia de frecuentes déficits de implementación (implementation gap) de las políticas es un hecho conocido por los ciudadanos, que contribuye al desprestigio de los gobiernos y al incrimento de la desconfianza em la burocracia."

Consequência dessas insuficiências na implementação é que o Judiciário passa a ser chamado a atuar como Poder concretizador direto dessas políticas públicas que envolvem direitos fundamentais pertencentes ao mínimo existencial, confrontando-se com a atuação dos demais Poderes.

> Ao abandonar o low profile institucional, o judiciário assume-se como poder político, colocando-se em confronto com os outros poderes do Estado, em especial com o executivo. Esta proeminência e, consequentemente, o confronto com a classe política e com outros órgãos de poder soberano manifestaram-se sobretudo em três campos: no garantismo de direitos, no controle da legalidade e dos abusos do poder e na judicialização da politica. (SANTOS, 2007, p. 12)

Assim, nas palavras de Barboza (2007, p. 17-18), os juízes estariam sendo chamados a solucionar a concretização dos direitos constitucionais sociais, "que por sua vez acabam por demandar um papel ativo do Poder Judiciário, gerando uma grande tensão entre a jurisdição constitucional exercida por este Poder e o princípio democrático, representado pelos Poderes Legislativo e Executivo."

Dessa forma, a atuação da jurisdição constitucional é um dos aspectos mais controvertidos na Teoria Constitucional, havendo vários questionamentos sobre sua legitimidade democrática, pois o Poder Judiciário estaria sendo invocado para decisões sobre temas que necessitam de uma atuação positiva, em contraste com a clássica visão meramente negativa (LEAL, 2013, p. 135).

Como decorrência necessária e imediata da supremacia e da aplicabilidade direta dos preceitos constitucionais, uma das características do neoconstitucionalismo – mais juízes do que legisladores – vem a demonstrar o reconhecimento dos julgadores como legítimos criadores do direito e não como simples reveladores de uma suposta e indefinível vontade da lei ou do legislador que, nessas condições estáticas, não resolvem os problemas suscitados pela sociedade (COELHO, 2009, p. 5). Portanto, não há vedação de que um tribunal constitucional ultrapasse o limite legal a ele imposto para, ele mesmo, realizar a política (GRIMM, 2006b).

Aliás, no Brasil, é excessiva a preponderância da análise judicial em matérias políticas e de incumbência classicamente de outros Poderes. Assim, "haveria atualmente no Brasil um sistema de revisão judicial no qual a tensão entre o monopólio interpretativo da corte e a democracia foi elevada ao máximo grau" (COSTA, 2014, p. 187). Contudo, diante do quadro anteriormente narrado, em que o mínimo existencial não é adequadamente implementado pelas políticas públicas, essa atuação é imprescindível, ainda que sob o risco de, aparentemente, esbulhar competências de outros Poderes. Notadamente, é competência do Estado, por meio de todos os seus Poderes, assegurar o cumprimento dos direitos fundamentais sociais, em busca do onírico fim das desigualdades sociais que, em que pese seja um objetivo utópico, deve continuar a pautar a atuação estatal.

A dignidade da pessoa humana é o Norte da concretização dos direitos fundamentais e, especificamente, do mínimo existencial. Como dever constitucional, "a dignidade impõe uma obrigação geral de respeito pela pessoa e pelo seu florescimento humano e reclama o reconhecimento e proteção da ordem jurídica na garantia de que todos recebam igual

respeito e consideração por parte do Estado e da comunidade" (CORDEIRO, 2012, p. 84). Se insuficiente a implementação das políticas públicas com esses fins, o controle jurisdicional é tão legítimo quanto impositivo.
Na esteira das lições de Santos (2007, p. 18):

> A judicialização da política verifica-se ainda diante de um conjunto de circunstâncias que descentraram a atenção da política judiciária para a política do judiciário. Neste caso, o confronto político do judiciário com os outros poderes do Estado dá-se quando, diante da apatia ou da incapacidade dos poderes políticos em resolver os conflitos ou em atender às demandas dos grupos sociais, o recurso aos tribunais leva o judiciário a interferir na política pública e nas condições da sua efetivação.

O objetivo deve ser garantir não apenas a igualdade de oportunidades "aos diferentes projetos de inconstitucionalidade democrática [...] mas também garantir padrões mínimos de inclusão que tornem possível e cidadania ativa necessária a monitorar, acompanhar e avaliar os projetos alternativos" (SANTOS, 2007, p. 53)

Como se sabe, "é evidente que o sistema judicial não pode resolver todos os problemas causados pelas múltiplas injustiças sociais. Mas tem que assumir a sua quota-parte de responsabilidade na resolução"

(SANTOS, 2007, p. 25). Nesse diapasão, uma postura ativa do Poder Judiciário, desde que não recaia na discricionariedade e no subjetivismo – searas que caberiam somente, ainda que com restrições, ao Poder Legislativo – é imprescindível para a concretização do conjunto intangível de direitos basilares.

5 CONCLUSÃO

Observa-se que as políticas públicas são de formulação extremamente complexa e encontram diversos obstáculos, inclusive de ordem orçamentária, como a reserva do possível, inviabilizando a implementação até mesmo do mínimo existencial, corolário irredutível do princípio da dignidade da pessoa humana.

Contudo, as normas constitucionais, como todas as normas jurídicas – e ainda com mais intensidade –, apresentam a característica da obrigatoriedade, razão pela qual os direitos sociais, conquanto normalmente consagrados por normas programáticas, representam deveres jurídicos para o Estado.

A desigualdade social e a pobreza são problemas a serem combatidos na atualidade, demandando uma atuação intensa na implementação das políticas públicas consagradoras de direitos sociais que, por sua vez, permitem o acesso a todos os outros direitos. Em outras palavras, sem possibilitar a saúde e a educação, não haveria, por exemplo, ambiente adequado para o exercício da liberdade de expressão.

Ademais, o princípio da dignidade da pessoa humana impõe o respeito ao mínimo existencial como desiderato principal do Estado, principal ator na transformação social. Sem a tutela do mínimo existencial não há igual dignidade e, portanto, distancia-se ainda mais da proposta constitucional de redução das desigualdades.

Apesar de classicamente vinculadas ao Poder Executivo, as respectivas políticas públicas não podem permanecer monopolizadas se, com isso, apresentarem-se de forma deficiente ou insuficiente aos cidadãos. Nesse caso, o Poder Judiciário tem o dever constitucional de assegurar o cumprimento dessas políticas públicas, por serem derivadas de mandamentos constitucionais que garantem a base do atual Estado Democrático de Direito.

Destarte, conclui-se que o mínimo existencial também é o mínimo para que se continue na desejável direção da superação das desigualdades sociais, competindo ao Poder Judiciário intervir para que as políticas públicas com esse escopo sejam realmente observadas pelo Estado.

REFERÊNCIAS

BANCO INTERAMERICANO DE DESENVOLVIMENTO. *A política das Políticas Públicas*. Rio de Janeiro: Elsevier Washington/DC: BID, 2006.

BARBOZA, Estefânia Maria de Queiroz. *Jurisdição constitucional*: entre constitucionalismo e democracia. Belo Horizonte: Fórum, 2007.

BUCCI, Maria Paula Dallari. *Direito administrativo e políticas públicas*. São Paulo: Saraiva, 2006.

COELHO, Inocêncio Mártires. O poder normativo da jurisdição constitucional: o caso brasileiro. *In*: LIMA, Francisco Meton Marques de; PESSOA, Robertônio Santos (orgs.). *Constitucionalismo, direito e democracia*. Rio de Janeiro: GZ Ed., 2009. p. 1-12.

CORDEIRO, Karine da Silva. *Direitos fundamentais sociais*: dignidade da pessoa humana e mínimo existencial, o papel do poder judiciário. Porto Alegre: Livraria do Advogado Editora, 2012.

DIMOULIS, Dimitri; MARTINS, Leonardo. *Teoria geral dos direitos fundamentais*. 3. ed. São Paulo: Editora Revista dos Tribunais, 2011.

FERNANDEZ, Antoní. Las políticas públicas. In: BADIA, Miquel C. (ed.). *Manual de ciencia política*. 3. ed. Madrid: Tecnos, 2006, p. 495-517.

GALDINO, Flávio. *Direitos não nascem em árvore*. Introdução à Teoria dos Custos do Direito. Rio de Janeiro: Lumen Juris: 2005.

GRIMM, Dieter. *Constitucionalismo y derechos fundamentales*. Traducción de Raúl Sanz Burgos y José Luis Muñoz de Baena Simón. Madrid: Trotta, 2006. pp. 155-174.

_____. *Constituição e política*. Tradução de Geraldo de Carvalho. Belo Horizonte: Del Rey, 2006. pp. 3-20.

HARRINGTON, Michael. *A revolução tecnológica e a decadência contemporânea*. Rio de Janeiro: Editora Civilização Brasileira, 1967.

JHERING, Rudolf von. A luta pelo Direito. 2. ed. Trad. Ricardo Rodrigues Gama. Campinas: Russel, 2005.

KELBERT, Fabiana Okchstein. *Reserva do possível e a efetividade dos direitos sociais no direito brasileiro*. Porto Alegre: Livraria do Advogado Editora, 2011.

LAFER, Celso. A reconstrução dos direitos humanos. Um diálogo com o pensamento de Hannah Arendt. São Paulo: Companhia das Letras, 1988.

LEAL, Mônia Clarissa Hennig. *Jurisdição Constitucional aberta*. Rio de Janeiro: Lumen Juris, 2007.

_____. *Jurisdicción constitucional, judicialización y activismo judicial desde la perspectiva del Supremo

Tribunal Federal brasileño. Sevilla: Punto Rojo Libros, 2013. pp. 133-162.

MARTINS, Humberto F. Fragmentação e intersetorialidade: em busca de uma agenda da integração. In: LEVY, Evelyn; DRAGO; Pedro A. (org.). *Gestão pública no Brasil contemporâneo*. São Paulo: Fundap, 2006. P. 277-301.

MAURÍCIO JUNIOR, Auceu. *A revisão judicial das escolhas orçamentárias*. A interpretação judicial em políticas pública. Belo Horizonte: Fórum, 2009.

MEIRELES, Rose Melo Vencelau. *Autonomia privada e dignidade humana*. Rio de Janeiro: Renovar, 2009.

MELLO, Celso Antônio Bandeira de. *Eficácia das normas constitucionais e direitos sociais*. São Paulo: Malheiros Editores, 2011.

OLSEN, Ana Carolina Lopes. *Direitos fundamentais sociais*. Efetividade frente à reserva do possível. Curitiba: Juruá, 2008.

QUEIROZ, Maria do Socorro Azevedo. *Judicialização dos direitos sociais prestacionais:* a efetividade pela interdependência dos direitos fundamentais na Constituição Brasileira. Curitiba, Juruá, 2011.

REIS, Jorge Renato dos. Os direitos fundamentais de tutela da pessoa humana nas relações entre particulares. In: REIS, Jorge Renato dos; LEAL, Rogério Gesta. *Direitos sociais e políticas públicas:* desafios contemporâneos. Tomo 7. Santa Cruz do Sul: EDUNISC, 2007.

SANTOS, Boaventura de Sousa. *A crítica da razão indolente*: contra o desperdício da experiência. 5. ed. São Paulo: Cortez, 2005.

_____. *Para uma revolução democrática da justiça*. 3. ed. São Paulo: Cortez, 2007.

SANTOS, Milton. *Por uma outra globalização*: do pensamento único à consciência universal. Rio de Janeiro: Record, 2013.

SARLET, Ingo Wolfgang. As dimensões da dgnidade da pessoa humana: construindo uma compreensão jurídico-constitucional necessária e possível. SARLET, Ingo Wolfgang (Org.). *Dimensões da dignidade*: ensaios de filosofia do direito e direito constitucional. 2. ed. Porto Alegre: Livraria do Advogado Editora, 2013.

_____. *Dignidade da pessoa humana e direitos fundamentais na Constituição Federal de 1988*. 8. ed. Porto Alegre: Livraria do Advogado, 2010.

SCHMIDT, João P. Exclusão, inclusão e capital social: o capital social nas ações de inclusão. In: LEAL, R.; REIS; J. R. *Direitos sociais e políticas públicas 6*. Santa Cruz do Sul: Edunisc, 2006, p. 1755-1786.

_____. Para entender as políticas públicas: aspectos conceituais e metodológicos. In: Reis, J. R.; LEAL, R. G. (org.). *Direitos sociais e políticas públicas*: desafios contemporâneos. Tomo 8. Santa Cruz do Sul: Edunisc, 2008, p. 2307-2333.

SILVA, Anabelle Macedo. *Concretizando a Constituição*. Rio de Janeiro: Lumen Juris, 2005.

TUGENDHAT, Ernst. Lições sobre Ética. Petrópolis: Vozes, 1996.

O CONTROLE SOCIAL NÃO INSTITUCIONALIZADO DOS ATOS CORRUPTIVOS: AS MANIFESTAÇÕES SOCIAIS COMO INSTRUMENTOS DE COMBATE À CORRUPÇÃO POLÍTICA NA DEMOCRACIA CONTEMPORÂNEA

RESUMO

Na sociedade atual, a violação dos ideais democráticos, especialmente por uma representação meramente por interesses pessoais, tornou necessário o debate sobre os novos rumos da democracia frente ao fenômeno da corrupção política. Nesse contexto, as manifestações populares elevaram-se a um papel de destaque, mormente porque não contêm uma pauta organizada, mas apenas a demonstração ampla dos anseios sociais. O mundo observou com perplexidade a Primavera Árabe, iniciada em dezembro de 2010, no Oriente Médio e Norte da África, assim como as manifestações populares ocorridas no Brasil em junho de 2013, quando as atenções mundiais estavam voltadas para o nosso país em razão do torneio de futebol denominado Copa das Confederações e ficou evidente a insatisfação do povo com os gastos públicos com este e outros eventos esportivos, especificamente a Copa do Mundo de futebol e as Olimpíadas de 2016. Contudo, apesar da relevância da Primavera Árabe, a insatisfação em regimes autoritários e ditatoriais não é uma novidade, eis que, habitualmente, possuem maior nível de corrupção. O que se analisa aqui, portanto, são as manifestações populares em regimes democráticos, que dependem do consenso para sua criação, continuidade e consolidação. Por meio de tais circunstâncias, o controle social da corrupção pode ser efetivado de forma segura e efetiva, inserindo-se fora das comuns espécies de controle institucionalizado e formal. As reivindicações coletivas se constituem como amplos espaços de discussão e inibição da corrupção política que, se tolerada passivamente, encontrará ambiente fértil para se consolidar na estrutura do Estado e será mais dificilmente combatida, inclusive pelos meios tradicionais de controle.

Palavras-chave: Controle social; Corrupção política; Democracia.

1 INTRODUÇÃO

Apesar dos inúmeros órgãos e instrumentos legais de controle da corrupção, permanece inalterável a necessidade de novos mecanismos ou reinvenção dos já existentes para que, consequentemente, possa ser combatida a corrupção, fenômeno que prejudica, por seu alto custo, a implementação de políticas públicas e asseguramento de direitos fundamentais basilares, mormente os de cunho social.

Há de se refletir ainda que os meios legais ou institucionalizados de controle da corrupção estão inseridos na própria estrutura burocrática do Estado, sendo criados e mantidos por aqueles que, na maioria das vezes, estão sujeitos à imputação pela prática de atos corruptivos.

Destarte, o desiderato consiste em analisar as manifestações populares no cenário democrático, como instrumentos informais e não institucionalizados de controle social da corrupção.

Inicialmente, abordar-se-á a relação entre o enfraquecimento da democracia representativa e o ambiente fértil que se torna o Estado para a corrupção.

Em seguida, serão indagadas especificamente as perspectivas em que a insatisfação popular com a corrupção e com a representação de interesses particulares se manifesta e como a democracia reage habitualmente.

Por fim, definir-se-á o controle social exercido pelas manifestações populares e como tais meios democráticos informais podem contribuir para o combate à corrupção política em um plano que não se insere no próprio sistema daqueles que, hodiernamente, praticam os atos corruptivos.

Justifica-se a presente pesquisa em razão do debate atual sobre a disseminação da corrupção, o que está intimamente ligado ao tema das políticas públicas e dos direitos sociais. Ademais, o Constitucionalismo Contemporâneo gravita, ainda que não tão aparentemente, em torno do direito fundamental à boa Administração Pública, merecendo o tema da corrupção maior atenção teórica, sobretudo quanto ao seu controle.

O método de abordagem é hipotético-dedutivo, uma vez que se indaga por meio da razão e da formulação de hipótese sobre as manifestações populares como espaços democráticos informais de combate à corrupção política. O método de procedimento é monográfico e a pesquisa, essencialmente bibliográfica, é aplicada, com o desiderato de se obter aportes teóricos para aplicação prática, em detrimento de uma pesquisa meramente pura, que objetiva o avanço da ciência sem aplicação prática imediata ou mediata. A abordagem do problema será por uma pesquisa qualitativa, afastando-se de uma abordagem quantitativa ou estatística.

2 A CORRUPÇÃO POLÍTICA NO CENÁRIO DEMOCRÁTICO CONTEMPORÂNEO

As democracias contemporâneas estabeleceram-se primordialmente na forma representativa, havendo, em menor escala, instrumentos da democracia direta, como no Brasil. Seja qual for o modelo adotado, a fragilidade da democracia nos Estados resulta em ambiente fértil para a corrupção, sobretudo a política.

> Por isso mesmo, não obstante a caudal legislação existente, a conclusão não se altera: os casos de corrupção desafiam todos os sistemas, ainda que se alastrem mais facilmente naqueles países em que é frágil o regime representativo e incipiente o estádio da democracia. A doutrina reforça esse entendimento apontando os

exemplos de Fernando Collor de Mello, no Brasil; o de Saddam Hussein, no Iraque; o de Ferdinand Marcos, nas Filipinas; o de Baby Doc, no Haiti; o de Alberto Fujimori, no Peru; o de Joseph Estrada, nas Filipinas; o de Suharto Wahid, na Indonésia e, finalmente, o de Nicolae Ceausescu, na Romênia. (MAYER, 2009, p. 239)

Quando se fala no termo corrupção, é importante referir que "é substantivo feminino derivado do latim corruptio, com o sentido de deterioração, ato, processo ou efeito de corromper" (LEAL, 2013, p. 19). Trata-se, ademais, de fenômeno poliédrico, estudado pelas mais diversas áreas, entre as quais a filosofia, a sociologia, a política e a ciência jurídica.

Quanto à corrupção no plano político, especificamente das democracias representativas, salienta-se que tornou-se comum o entendimento de que os partidos políticos não possuem um direcionamento ou uma proposta uníssona internamente, o que contribui para a crítica à democracia representativa e para a ampliação da margem possível de corrupção entre os eleitos que não possuem grandes exigências de seus partidos quanto ao cumprimento das propostas partidárias. Em razão disso, Bahia (2012, p. 108) aduz que:

> nossos partidos políticos não 'tomam partido': não possuem, em geral, bases ideológicas claras que os possam diferenciar uns dos outros; adotam fórmulas genéricas (como 'saúde, educação, trabalho e renda'), sem que se possa discernir em que medida a proposta do partido X é melhor, pior, ou, pelo menos, 'diferente' da defendida pelo partido Y. O pluripartidarismo haurido com a Constituição de 1988 não tem significado que diferentes concepções de 'vida boa' estejam representadas no Parlamento. A diferença (e até antagonismo) de concepções permitiria 'escolhas sociais' que formariam maiorias e minorias no Parlamento, elemento fundamental para legitimar as decisões da maioria, ao mesmo tempo que são acompanhadas de perto pela crítica da minoria, na esperança de que, no jogo democrático cíclico, tenham chance de ser maioria em futuras eleições.

Segundo Telles Junior (2006, p. 75), os partidos políticos, com exceção de uma ou outra agremiação admirável, não desempenham a missão para a qual existem, razão pela qual, para o povo, muitos desses partidos nada mais são do que meras siglas.

A questão dos partidos no Brasil, que deveriam representar os anseios dos adeptos de sua ideologia, é um dos principais fatores da crise de representatividade, do enfraquecimento do Estado e da elevação da corrupção política, especialmente se comparada a situação brasileira àquela de outros países.

Dentro dessa crise de representatividade, observa-se que a representação política inerente à democracia deu lugar a uma representação de interesses, grande fomentadora da corrupção política. Como bem lembra Bobbio (2000, p. 37-38):

> Uma confirmação da revanche (ousaria dizer definitiva) da representação dos interesses sobre a representação política é o tipo de relação que se vem instaurando na maior parte dos Estados democráticos europeus entre os grandes grupos de interesses contrapostos (representantes respectivamente dos industriais e dos operários) e o parlamento, uma relação que deu lugar a um novo tipo de sistema social que foi chamado, com ou sem razão, de neocorporativo.

Percebe-se, ademais, que essa priorização dos interesses pessoais é típica da corrupção política, uma vez que esta "está presente quando um agente político faz prevalecer seus interesses pessoais no campo político-funcional sobre os ideais republicano-democráticos a que se comprometeu servir" (FURLAN, 213, p. 79).

O tema é relevante, eis que, segundo já advertia Rousseau (2005, p. 43), "a vontade particular, por sua natureza, inclina-se às preferências, e a vontade geral tende para a igualdade." Nesse cenário, haveria risco de consolidação da corrupção quando a vontade particular preponderasse sobre a geral nas decisões políticas, o que realmente está ocorrendo, prejudicando o estabelecimento da democracia, ainda que na sua forma representativa.

Tal característica é ainda mais fácil de ser constatada em sociedades complexas e de poucos vínculos entre as pessoas. Como leciona Ruzza (2010, p. 80), "nesses casos, de sociedades grandes e já afastadas da pureza original, a vontade geral pode ser silenciada, quando os vínculos sociais são enfraquecidos, mas nunca eliminada."

Sobre a soberania popular, conceito de enorme relevância para a democracia contemporânea, Ruzza (2010, p. 80-81) preceitua que "o indivíduo que decide não mais consultá-la sabe que ela continua existindo, apenas acredita que os seus ganhos pessoais serão maiores do que as perdas sofridas pelo fato de não segui-la mais." Nisto consiste o cerne e o fundamento da relação entre crise democrática e corrupção política.

A incessante busca pela satisfação pessoal e pela acumulação de benefícios próprios é emanada da corrupção, o que demonstra que a democracia representativa de um Estado frágil possibilita o estabelecimento da corrupção como um meio de se fazer política.

> [...] a paixão pelo poder é intrinsecamente corruptora. Há, sem dúvida, a corrupção mais vulgar, daquele que compra a consciência alheia, ou vende a sua. Mas há também uma forma muito mais complexa e sutil, que frisa à loucura moral. O indivíduo escravo dessa paixão tende a se servir para alcançar seus fins, de todos os sentimentos altruístas que encontra disponíveis diante de si: o amor, a compaixão, a generosidade, a lealdade, o espírito de serviço, a solidariedade. Com desoladora freqüência, velhos amigos e grandes admiradores do governante, ou então pessoas respeitáveis na sociedade pela sua correção e sabedoria, são usados em proveito próprio pelo titular do poder, sem nenhum escrúpulo. (COMPARATO, 2006, p. 591)

Portanto, é importante que o Estado seja forte, pois em países estruturados com elevados conceitos éticos e um ativo poder de polícia, a corrupção é reduzida e o espírito de cidadania é voltado para o bem comum. Em outras palavras, a sociedade e o Estado, se bons, engrandecem o homem, não o corrompendo (BATISTA, 2012, p. 42).

Por fim, insta salientar que a legitimidade do Estado não se funda apenas no respeito à lei, tendo também um outro sentido no campo político, qual seja, a aprovação, pelos governados, daqueles que estão no poder (COMPARATO, 2006, p. 594). A insatisfação do povo quanto ao nível de corrupção, que pode ensejar manifestações populares de inconformismo, deslegitima os detentores do poder.

3 CORRUPÇÃO POLÍTICA E INSATISFAÇÃO POPULAR

A corrupção, por vezes, é tolerada, mas jamais aceita por aqueles que dela não se beneficiam ou têm proveito. Ademais, aqueles que se encontram nas camadas sociais inferiores não exercem um controle ativo dos atos corruptivos, mas representam o senso comum contra a corrupção, por serem os maiores prejudicados com tal fenômeno.

Se a corrupção se dispersa no corpo político e é tolerada pela comunidade, os mais necessitados sofrem diretamente os efeitos disto, haja vista que os poderes instituídos ocupam-se, muitas vezes, com os temas que lhes beneficiem como grupos ou indivíduos, em detrimento de interesses públicos vitais existentes (LEAL, 2013, p. 33). Dessa forma, a prática de corrupção possui custos maiores se o controle for menor, porque os agentes públicos e privados se sentem mais libertos para praticar os vários atos de corrupção tendo certeza da impunidade (BOTELHO, 2010, p. 138).

De qualquer sorte, vários são os motivos que colocaram em pauta o tema da corrupção nos debates políticos, possibilitando maior interesse popular no seu controle, interesse este que não encontra barreira entre as diferentes camadas sociais.

> A explosão contra a corrupção possui diversas causas. Houve aumento tanto de fato quanto de percepção da prática da corrupção em vários países. Em determinadas áreas as mudanças políticas sistêmicas enfraqueceram ou destruíram as instituições sociais, políticas e jurídicas, e deram margem a novos abusos. Em outros lugares a liberalização política e econômica simplesmente revelou a corrupção antes oculta. Em praticamente todos os lugares, porém, observamos um claro declínio na disposição da população em tolerar práticas corruptas por parte dos líderes políticos e das elites econômicas. (GLYNN; KOBRIN; NAÍM, 2002, p. 28-29)

Normalmente, são reconhecidas como perspectivas que estudam a explosão da corrupção e o aumento de sua insatisfação pelo povo a visão de que os casos de corrupção têm aumentado, assim como a de que o que tem aumentado é a transparência, apenas estando a corrupção mais exposta. Estas perspectivas não se excluem e, mais ainda, constituem-se na terceira possibilidade, que é o aumento tanto da corrupção em si quanto da percepção da corrupção (PILAGALLO, 2013, p. 83).

Quando o povo se une de maneira não planejada e sem uma pauta específica de reivindicações, em ambientes informais de pressão dos detentores do poder, demonstra toda a sua insatisfação em relação à corrupção. A insatisfação popular, em cenários democráticos, seja pelo aumento dos atos corruptivos ou pelo mero aumento da percepção da corrupção, deve ser ouvida como manifestação da soberania geral, tão cultuada por contratualistas como Rousseau.

Assim, sem a observância da soberania geral, o que consiste na realidade brasileira, os representantes do povo abdicam do ideal democrático, razão pela qual novos meios de participação popular, além dos já previstos no ordenamento jurídico (voto, plebiscito, referendo e iniciativa legislativa popular), devem ser criados e implementados com o máximo de aplicação prática.

É ilógico, em uma democracia representativa, que a insatisfação popular chegue ao zênite de inúmeros cidadãos utilizarem frases como "ninguém me representa" ou "político tal não me representa", o que se tornou excessivamente ocorrente durante as manifestações populares ocorridas no ano de 2013 e até o presente momento em outros protestos isolados.

Naquele momento, "os manifestantes falaram de muitas coisas ao mesmo tempo. Começou pelo transporte coletivo e logo se estendeu para a saúde, educação, segurança, corrupção, PEC 37, cura gay, Copa do Mundo e por aí vai" (WEISSHEIMER, 2013, p. 181). A corrupção foi, inegavelmente, um dos principais assuntos reivindicados durante as manifestações.

É nesse cenário que deve ser elogiada a democracia, por permitir a insurgência contra aspectos que parecem estáticos e sedimentados na sociedade, como a corrupção política. A insatisfação popular quanto ao atual e elevado ponto corruptivo demonstra que a vontade do povo é claramente contra tal fenômeno, conquanto não sejam utilizados, pelos cidadãos, como forma comum e frequente de controle da corrupção, os meios formais e institucionalizados.

> a corrupção é, dominantemente, um problema político e econômico e menos uma questão jurídica. É político em dois aspectos: porque corrói ou dilapida a

> legitimidade dos governos e porque constitui um indicativo de que o sistema está funcionando mal ou de que é fraca ou inexistente a preocupação pelos interesses públicos. Sendo um problema político, torna-se indispensável que se pense na democracia sob o aspecto de sistema ideal a ser prosseguido de forma incessante. Antes de ser apreciada ou estudada, predominantemente, em sua dimensão material, deve ser analisada numa perspectiva espiritual no sentido do alcance de um princípio de organização social apoiado em paradigmas de seriedade, justiça e moralidade coletiva. (MAYER, 2009, p. 240)

Ocorre que, mesmo na democracia, as insatisfações são comuns, pois dificilmente serão atendidos todos os interesses. Como preceitua Bobbio (2000, p. 32), "a unanimidade é possível apenas num grupo restrito ou homogêneo." Na atualidade, em que as sociedades são pluralistas e complexas, dificilmente serão atendidos todos os anseios, eis que tais interesses serão possivelmente muito distintos entre si. Contudo, quando a insatisfação ocupa níveis alarmantes e facilmente constatáveis, como é a insatisfação quanto à corrupção, os órgãos e mecanismos legais de controle são mais facilmente acionados e efetivos.

É facilmente constatável que os representantes eleitos não possuem vínculos que os mantenham preocupados com seus eleitores, havendo uma separação entre governantes e governados, quando, no plano onírico, aqueles deveriam atuar em prol destes.

Entrementes, a já mencionada representação de interesses particulares, verdadeira ideologia corruptiva, não permite tamanho beneficiamento da sociedade.

Para definir a relação entre governantes e governados, vale a diferenciação entre família e Estado exposta por Rousseau (2005, p. 15), ao destacar que "toda a diferença consiste em que, na família, o amor do pai pelos filhos é compensado pelos cuidados que lhes dedica, e, no Estado, o prazer de comandar supre esse amor que o chefe não sente por seus povos."

A insatisfação popular é necessária quando se trata de corrupção política. Um povo que tolera passivamente a corrupção reflete um Estado enfraquecido e de exercício da cidadania duvidoso.

> A alienação do povo em relação aos temas de interesse público e em face do Estado é referida por Rousseau como sintomas terminais da enfermidade do corpo político, ou seja, se os cidadãos preferem servir ao Estado com seu dinheiro sem se dedicarem pessoalmente às atividades públicas, isto significa que a ruína já está a caminho, tendo presente que tal fenômeno se dá somente em meio às relações sociais. (LEAL, 2013, p. 30)

Aliás, a tolerância e a legitimidade, quando associadas à corrupção, diminuem significativamente a evolução institucional de algumas sociedades ocidentais, resultando na congruência com a formação das modernas burocracias e na generalização das relações econômicas de mercado e das democracias constitucionais (SILVA, 2001, p. 44).

Logo, uma democracia mais participativa e deliberativa poderá responder mais legitimamente ao problema da corrupção, abrangendo a sociedade civil como protagonista primordial (LEAL, 2013, p. 81).

Nesse aspecto, a insatisfação popular não deve ser contida. Deve extrapolar a esfera meramente psicológica e subjetiva e resultar em um controle social efetivo, inviabilizando o crescimento da corrupção e diminuindo o patamar já alcançado.

A ideia de controle é inerente às sociedades complexas, em que as relações de comando não se estabelecem apenas entre os que mandam e os que obedecem sem mandar, possuindo vários níveis distintos de poder. "O controlador decide em última instância, estabelecendo as grandes diretrizes da ação administrativa e supervisionando a atuação dos administradores ou agentes políticos" (COMPARATO,

2006, p. 654). Em outras palavras e para os fins aqui propostos, o povo, atuando como controlador, ainda que em ambientes informais e não estatuídos, exerce a soberania geral e a decisão em última instância sobre o fenômeno corruptivo.

O exercício do controle popular oriundo da insatisfação atua como instância de (des)legitimação política, possibilitando maiores debates e acessos aos espaços de decisões políticas. É nessa contínua avaliação pública dos atos políticos que será possível um combate cívico à corrupção. A necessidade de ampliação dos meios de controle e legitimação da administração é urgente, pois, conforme Leal (2013, p. 51)

> [...] em face da natureza complexa e multidimensional das funções e competências desta administração, em face da soberania popular que se afigura instituinte permanente da legitimidade de suas instituições, através de mecanismos radicais de participação e cogestão dos interesses públicos, aumenta ainda mais a necessidade dos poderes instituídos perseguirem, a cada momento, instâncias de legitimação política junto ao tecido social, através de mecanismos e instrumentos de comunicação e deliberação descentralizada em espaços públicos polissêmicos.

Esse controle contínuo encontra fundamento significativo na democracia, que, segundo Beetham e

Boyle (1996, p. 17), supõe o duplo princípio do controle popular sobre a tomada coletiva de decisões e da igualdade de direitos no exercício do referido controle.

O Estado, portanto, deve garantir padrões mínimos que possibilitem à cidadania ativa criar, monitorar, acompanhar e avaliar o desempenho do governo, o que é indispensável para a transformação da instabilidade institucional em deliberação democrática (LEAL, 2005, p. 393).

4 O CONTROLE POPULAR NÃO INSTITUCIONALIZADO COMO MEIO LEGÍTIMO DE COMBATE À CORRUPÇÃO POLÍTICA

Vivemos em uma sociedade globalizada e multicultural. Diversos são os argumentos e interesses morais e religiosos de cada grupo, muitas vezes consonantes, mas, em sua maioria, conflitantes entre si. Nesse contexto, a contemporaneidade afasta-se da harmonia e aproxima-se da discordância.

Como decorrência, conceitos até então caracterizados por divergências bilaterais cedem espaços para debates multilaterais, caracterizados por uma complexidade conflitante.

Na atualidade, os interesses são normalmente inconciliáveis. Em sociedades multiétnicas, há dificuldade de entendimento entre os grupos sociais culturalmente diferenciados. As contraposições ideológicas ou os interesses de tipo bipolar são comuns às sociedades do século XX. Atualmente, seria demasiadamente rígido para sociedades complexas nas quais sobre cada questão se formam posições transversais (SANTORO, 2012, p. 83). Dessa forma, as sociedades atuais tendem a se estruturar, quanto aos elementos de exercício da cidadania, para a ampliação dos meios de participação popular aos mais diversos grupos sociais, sendo um exemplo interessante as entidades que participam do controle concentrado de constitucionalidade na condição de "*amicus curiae*".

Nesse contexto, desde meados do ano de 2013, a sociedade brasileira tenta ter nova voz. Nova voz não como uma representação política maior, aumento de número de Deputados ou Senadores ou outros meios formais e institucionalizados. O que se busca também não é combater as competências constitucionais, mas sim lhes conceder um novo significado.

> Pensar e escrever sobre os protestos de rua que sacudiram o Brasil em 2013 são tarefas desafiadoras. A proximidade dos acontecimentos e a velocidade com que tudo começou a acontecer é uma das principais dificuldades para a análise, mas não é a única. A formação de multidões em várias cidades do país, articuladas em larga medida pelo Facebook, sem lideranças ou organizações definidas, com uma agenda de reivindicações que iniciou com o preço do transporte coletivo para se estender a praticamente todos os problemas nacionais e até, de modo mais geral, a 'tudo que está aí' compõem um quebra-cabeça gigantesco, cujos contornos mais gerais ainda estão por ser identificados. (WEISSHEIMER, 2013, p. 181)

Transporte, saúde, educação, combate à corrupção, Copa do Mundo, PEC 37 e outros. Foram vários os objetos das reivindicações. Entrementes, não se pretende analisar uma ou outra manifestação popular específica, tampouco obter dados estatísticos sobre os objetivos dos referidos movimentos sociais. Objetiva-se, na verdade, perquirir como as manifestações populares podem refletir no combate à corrupção política em uma democracia, atuando como verdadeiro controle social informal e não institucionalizado, pressionando os detentores do controle institucionalizado.

Ademais, o modelo atual democrático, por si só, é alvo de inúmeras críticas no Brasil e em outros países, sendo objeto de debate também nas sociedades mais desenvolvidas e economicamente fortes. Hobsbawm (2007, p. 103) analisa esse questionamento mundial:

> Hoje nos defrontamos com um divórcio bastante óbvio dos cidadãos com relação à espera da política. A participação nas eleições parece estar caindo na maior parte dos países de democracia liberal. Se a eleição popular é o critério principal da democracia representativa, até que ponto se pode falar da legitimidade democrática de uma autoridade eleita pela terça parte do eleitorado potencial, como é o caso do Congresso dos Estados Unidos, ou, como no caso de governos locais na Grã-Bretanha ou do Parlamento europeu, por algo como 10% ou 20% do eleitorado?

A perspectiva acima demonstra que novos instrumentos democráticos devem ser criados ou fomentados, seja como contínuo incentivo do exercício da cidadania, seja como controle dos atos políticos, evitando-se, assim, o excesso de atos corruptivos, que não são suficientemente combatidos apenas com o controle apriorístico exercido no sufrágio.

Aqui, insta recordar que a reunião permanente é impossível, mas a manifestação da vontade geral é cabível e, mais que isso, exigível como forma de reconstruir a democracia contemporânea frente ao fenômeno problemático da corrupção.

Ademais, "só a vontade geral pode dirigir as forças do Estado de acordo com o fim de sua instituição, que é o bem comum" (ROUSSEAU, 2005, p. 43). Por sua vez, Ruzza (2010, p. 80) destaca a importância da noção de vontade geral no contexto do contrato social rousseauniano, que é aplicável ao tema das manifestações populares como controle da corrupção:

> Evidentemente, muitas pequenas diferenças podem ser mais facilmente resolvidas pela vontade geral, que é diferente da vontade de todos (ou soma de vontades particulares). A vontade geral responde sempre que consultada, porque essa consulta é uma regra moral imposta pelo interesse público, é como uma daquelas leis que não se gravam no bronze, mas no coração.

A conceituação supra pode ser aplicada na democracia brasileira, como mencionado, em uma de suas formas de instrumentalização, que são as manifestações populares, verdadeiros espaços informais de participação popular e controle dos detentores do poder.

A forma representativa da democracia apresenta enormes dificuldades na sua efetivação, estando desacreditada pelo senso comum e encontrando obstáculos teóricos por parte da doutrina, além da já referida desarmonia entre o interesse público e a representação de interesses particulares.

O enfraquecimento do poder do povo significa a redução da própria democracia e, por consequência, do Estado, abrindo margem de atuação de outros núcleos, que formam uma corrupção corporativa em torno dos que detêm o poder. Como adverte Alves (2013, p. 44), "a debilidade dos Estados é compensada pelo fortalecimento de outros agentes sociais (entre os quais meios de comunicação, associações de classe e movimentos sociais) que passam a concorrer com o próprio Estado."

Assim, inegavelmente a história afirmou a abertura dos participantes no processo democrático, permitindo que um amplo número de cidadãos escolha seus representantes. Entrementes, o próximo passo, se é que será passível de implementação, será uma melhor efetivação, ainda que parcial, da democracia direta, em que todo o povo terá, em conjunto, possibilidade – e principalmente vontade – de participar da esfera pública, debatendo e decidindo, ainda que de forma não juridicamente vinculante, mas socialmente relevante, sobre os desvirtuamentos dos agentes estatais e como devem ser efetivadas novas medidas de combate à corrupção, ou mesmo a pressão genérica às instituições para que se ocupem detidamente do combate à corrupção política.

De qualquer sorte, a democracia baseia-se em duas premissas, sendo uma moral ou teórica e outra de ordem prática. No aspecto moral, a democracia requer que a maior parte dos cidadãos, presumindo-se ser a maior parte dos habitantes do país, apoie expressamente o referido regime (HOBSBAWM, 2007).

Destarte, a avaliação periódica da concordância do povo com seus representantes é um instrumento necessário para a análise da manutenção do consenso e da avaliação quanto às práticas corruptivas. Ora, considerando que o ser humano vive em sociedade e esta é essencialmente cultural, a sua vontade também é dinâmica e deve ser, portanto, avaliada contemporaneamente aos atos ou, no mínimo, periodicamente analisada, não se limitando ao sufrágio, exercido entre intervalos de mandatos intermináveis.

Nas palavras de Bobbio (2010, p. 24):
> Para que se possa falar de democracia, não basta que a classe política seja eleita, em outras palavras, que seu poder seja

> fundado num consenso inicial originário. É necessário que esse consenso seja periodicamente repetido. Não basta o consenso, mas é necessária uma verificação periódica do consenso.

Portanto, a realização de manifestações populares, com fins específicos, instrumentaliza adequadamente o ideal democrático. As manifestações populares são a mais simples e eficaz forma de verificação periódica do consenso ou, mais especificamente, do dissenso, eis que dificilmente ocorrerão tais manifestações em contextos de satisfação da sociedade. Essa insatisfação contra o "status quo" é uma das maiores contribuições que se pode extrair da democracia contra a corrupção política.

> Ao descartar determinismos e platitudes discursivas servis ao 'status quo', a democracia direta desponta como direito intangível e vinculante. Numa abordagem avisada, o termo significa – formal e substancialmente – o direito de primeira grandeza constitucional à construção pelo povo do seu próprio destino, tendo em vista as suas demandas materiais e imateriais, cujo atendimento supõe a partilha eficiente e eficaz dos poderes constituídos. (FREITAS, 2012, p. 13)

Em tais manifestações, constitui-se um espaço informal de participação popular cujo escopo é introduzir, efetivamente, a sociedade no cenário político, como membros que se sujeitam ao Direito por eles criado.

Contudo, adverte Martins (2011, p. 119), com grande autoridade e noção da realidade, que "nos regimes democráticos, há mais possibilidade de contestar-se as manipulações, quando as oposições são fortes. Mesmo assim, com menores condições de fazer imperar a sua verdade, que os detentores do poder."

Dessa forma, não se desconsidera que os "representantes" do povo, ainda que diante das mencionadas manifestações, terão uma posição mais favorável que a do próprio povo, razão pela qual este, dificilmente, fará valer permanentemente suas vontades em face dos desvirtuamentos corruptivos dos agentes estatais.

Em outros termos, o resultado das manifestações populares surge imediatamente, razão pela qual possuem importante caráter de coação e pressão contra as autoridades, mas não se dilata no tempo, o que afeta a continuidade dos objetivos alcançados pelo povo. Assim, as manifestações interrompem e evidenciam a corrupção, mas não a eliminam plenamente.

Isto porque o poder que se exerce por meio da autoridade é muito maior na prática do que aquele que se exerce por meio da legitimidade.

Nas palavras de Lobrot (1977, p. 8-9):

> O caráter passional da autoridade manifesta-se tanto nos que a detêm quanto nos que a suportam. Nos primeiros, gera sentimentos ambíguos de vergonha e de arrogância: desejam camuflar esse poder que possuem apesar de ele lhes conferir o essencial de suas prerrogativas. Nos últimos, gera a submissão e o ódio misturados. Adoramos esse poder que nos domina e nos protege, ao mesmo tempo que o detestamos porque nos esmaga.

De qualquer forma, há grande vantagem nas manifestações populares, eis que delas surge um fragmento da vontade geral, em detrimento de pequenas vontades particulares e que se situam à margem da boa administração, ocupando a seara viciosa da corrupção.

Somente uma ampliação dos espaços de participação popular pode efetivar o princípio democrático de controle do bem público e, por conseguinte, de oposição à corrupção. Atualmente, se quase não persistem limitações quanto a quem pode participar do processo democrático, persiste uma limitação das searas em que o povo pode intervir validamente, o que termina por criar a necessidade de manifestações populares, como as ocorridas no ano de 2013 no Brasil, nitidamente sem força decisiva formalmente instituída, mas com um caráter de pressão e coação sobre os governantes.

É certo que as manifestações populares ou os protestos, desde que pacíficos, podem influenciar validamente os rumos do país, constituindo a vontade geral e auxiliando na tomada de decisões significativas sobre a retidão ou não das condutas estatais, enquanto não houver outro instrumento de maior eficácia.

Quando se postula a relevância jurídica das manifestações populares, que podem ser livremente aderidas por cada indivíduo, seja qual for a classe social, sexo, idade ou religião, busca-se a consolidação do próprio princípio da igualdade. Na esteira do pensamento de Beetham e Boyle (1996, p. 18), "el principio de igualdad supone no sólo que la política gubernamental atienda los intereses de las personas por igual, sino que las opiniones de estas últimas tengan el mismo peso."

Como exemplo de sucesso do controle popular da corrupção, cita-se a publicação, após as manifestações populares de junho de 2013, da Lei nº 12.846/2013, a denominada Lei Anticorrupção, em 02 de agosto de 2013, o que demonstra que o caráter coativo das manifestações surte efeitos que outros meios – como a iniciativa popular – não surtem ou, ao menos, não tão rapidamente.

Dessa forma, meios efetivos de combate à corrupção política são necessários no paradigma atual brasileiro, principalmente estes que resultem na intensificação do controle e da participação pelos indivíduos.

> Para tanto, a desificação da democracia à sociedade brasileira implica, salvo melhor juízo, não só oportunidades materiais de acesso da população à gestão pública da comunidade, mas fundamentalmente de fórmulas e práticas de sensibilização e mobilização dos indivíduos e das corporações à participação, através de rotinas e procedimentos didáticos que levem em conta as diferenças e especificidades de cada qual. (LEAL, 2005, p. 390)

As tradicionais formas de controles horizontais oficiais da corrupção – autocontrole e controle externo – não são mais suficientes, havendo a necessidade de radicalização de seu controle e combate, por meio, por exemplo, de controles verticais, como a mídia e a sociedade civil (LEAL, 2013, p. 152).

5 CONCLUSÃO

Conclui-se, enfim, que a participação popular no controle da corrupção não pode limitar-se ao processo eleitoral ou aos meios formais e institucionalizados, devendo ocupar o espaço de discussões informais de controle político. Ora, se os meios formais são legalmente estabelecidos pelos representantes do povo, estes podem estruturá-los de maneira a ocultar atos corruptivos ou diminuir as consequências daqueles que dão ensejo à corrupção. Em outras palavras, quem cria o meio institucionalizado pode moldá-lo a seu favor, o que não ocorre com o espaço informal de controle popular.

Ao pensarmos na legitimidade dos meios informais (não institucionalizados), antecipamo-nos a eventuais atos corruptivos na elaboração e formulação dos meios de controle tradicionais.

Assim, entende-se que qualquer manifestação popular pacífica contribuirá democraticamente para o debate sobre a corrupção e, por consequência, a tutela dos direitos fundamentais, dentre os quais o direito fundamental à boa administração pública. É possível afirmar, inclusive, que jamais existirá manifestação popular por apoio ao "status quo", isto é, como forma de demonstração de satisfação ao exercício do poder pelos representantes do povo. Em outras palavras, denota-se que as manifestações reforçam a reconstrução do sistema, por refletirem a insatisfação popular. Além disso, de forma incisiva, consolidam "o poder-dever de controlar a ação dos governantes" (COMPARATO, 2006, p. 654).

Urge destacar que é um tempo demasiadamente longo entre uma eleição e outra para que os governantes/representantes tenham avaliadas suas atuações pelos reais detentores do poder quando se trata de corrupção, fenômeno que causa prejuízos imensos ao erário e ao ambiente social. Reduzir o tempo dos mandatos dos Poderes Executivo e Legislativo também não é a solução, eis que inviabilizaria a continuidade das políticas adotadas pelo governo.

Melhor, portanto, que o povo exerça o seu controle e, por intermédio das manifestações, conduza os governantes de acordo com a busca de sua satisfação coletiva. Nas palavras de Telles Junior (2006, p. 44), "a fidelidade do Governo à sua idéia política se comprova pelo consentimento que lhe é dado por aqueles que lhe estão submetidos."

O momento atual da democracia pede mais que uma mera extensão subjetiva de seu campo, ou seja, a ampliação dos legitimados a participarem do processo democrático, sendo imprescindível que se construa uma ideia de democracia como sentido da vida em sociedade, ampliando, desta feita, os locais em que ela poderá ser validamente exercida, dentre os quais se situam as manifestações populares. Para saber se a democracia de um país se desenvolveu, "o certo é procurar perceber se aumentou não o número dos que têm o direito de participar nas decisões que lhes dizem respeito, mas os espaços nos quais podem exercer esse direito" (BOBBIO, 2000, p. 40). Eis porque a participação popular deve ser fomentada como mecanismo de controle dos atos de agentes públicos e inibidor da corrupção.

Portanto, é inegável que a corrupção reflete o enfraquecimento do Estado. Tal enfraquecimento, por consequência, deriva, certamente, da ausência de interesse por parte do povo de exercer a cidadania que lhe é inerente. Em outras palavras, a cidadania fortalece o Estado e o controle popular, tornando ambiente infértil para a corrupção. Por exercício da cidadania deve-se entender não apenas os deveres eleitorais (voto, plebiscito e referendo), mas também condutas ativas que, conquanto não previstas como deveres ou passíveis de sanção pelo não exercício, são necessárias ao fortalecimento do Estado, como as manifestações populares que, como visto, dependendo das circunstâncias, podem produzir efeitos com maior aptidão que os meios estatuídos de controle.

REFERÊNCIAS

ALVES, Fernando de Brito. *Constituição e participação popular*: A construção histórico-discursiva do conteúdo jurídico-político da democracia como direito fundamental. Curitiba: Juruá, 2013.

BAHIA, Alexandre Gustavo Melo Franco. Fundamentos da Teoria da Constituição: a dinâmica constitucional no Estado Democrático de Direito brasileiro. In: FIGUEIREDO, Eduardo Henrique Lopes et al (coord.). *Constitucionalismo e democracia*. Rio de Janeiro: Elsevier, 2012, p. 101-125.

BATISTA, Antenor. *Corrupção*: o 5º poder. Repensando a ética. 13. ed. atual. São Paulo: EDIPRO, 2012.

BEETHAM, David; BOYLE, Kevin. *Cuestiones sobre la democracia*: conceptos, elementos e principios básicos. Madrid: Los Libros de la Catarata, 1996.

BOBBIO, Norberto. *O futuro da democracia*. Trad. Marco Aurélio Nogueira. São Paulo: Paz e Terra, 2000.

_____. *Qual democracia?* Trad. Marcelo Perine. São Paulo: Edições Loyola, 2010.

BOTELHO, Ana Cristina Melo de Pontes. *Corrupção política*: uma patologia social. Belo Horizonte: Fórum, 2010.

COMPARATO, Fábio Konder. *Ética:* direito, moral e religião no mundo moderno. São Paulo: Companhia das Letras, 2006.

FREITAS, Juarez. Direito Constitucional à Democracia. In: FREITAS, Juarez; TEIXEIRA, Anderson V. (org.). *Direito à Democracia*: ensaios transdisciplinares. Rio de Janeiro: Elsevier, 2012, p. 11-39.

FURLAN, Fabiano Ferreira. *A corrupção política e o Estado Democrático de Direito*. Belo Horizonte: Arraes Editores, 2013.

GASINO, Wilson J. *Histórias sobre corrupção e ganância*. Curitiba: Feller, 2006.

GLYNN, P.; KOBRIN, S. J.; NAÍM, M. A globalização da corrupção. In: ELLIOTT, Kimberly Ann (Org.). *A corrupção e a economia global*. Trad. Marsel Nascimento Gonçalves de Souza. Brasília: Editora Universidade de Brasília, 2002. p. 27-57.

GOODMAN, Amy; GOODMAN, David. *Corrupção à americana*. Trad. Tatiana Salem Levy. Rio de Janeiro: Bertrand Brasil, 2005.

HOBSBAWM, Eric. *Globalização, democracia e terrorismo*. Trad. José Viegas. São Paulo, Companhia das Letras, 2007.

LEAL, Rogério Gesta. *Imbricações necessárias entre moralidade administrativa e probidade administrativa*. Texto Inédito. 25 páginas.

_____. *Patologias Corruptivas nas relações entre Estado, Administração Pública e Sociedade:* causas, consequências e tratamentos. Santa Cruz do Sul: Edunisc, 2013.

_____. Possíveis dimensões jurídico-políticas locais dos direitos civis de participação social no âmbito da gestão dos interesses públicos. In: LEAL, Rogério Gesta (Org.). *Administração pública e participação social na América Latina*. Santa Cruz do Sul: EDUNISC, 2005. p. 384-411.

_____. *Teoria do Estado*: cidadania e poder político na modernidade. 2. ed. rev. e ampl. Porto Alegre: Livraria do Advogado, 2001.

LOBROT, Michel. *A favor ou contra a autoridade*. Trad. Ruth Joffily Dias. Rio de Janeiro: Francisco Alves, 1977.

LOPES, MAURÍCIO ANTÔNIO RIBEIRO. *Ética e administração pública*. São Paulo: Editora Revista dos Tribunais, 1993.

MARTINS, Ives Gandra da Silva. *Uma breve teoria do poder*. 2. ed. São Paulo: Editora Revista dos Tribunais, 2011.

MAYER, Dayse de Vasconcelos. *A democracia capturada*: a face oculta do poder. São Paulo: Método, 2009.

MOSS, Robert. *O colapso da democracia*. Trad. Wilma Freitas Ronald de Carvalho. Rio de Janeiro: Nórdica, 1977.

PILAGALLO, Oscar. *Corrupção*: entrave ao desenvolvimento do Brasil. Rio de Janeiro: Elsevier, 2013.

ROUSSEAU, Jean-Jacques. *Do contrato social*: princípios do direito político. Trad. Vicente Sabino Jr. São Paulo: Editora CD, 2005.

RUZZA, Antônio. *Rousseau e a moralidade republicana no contrato social*. São Paulo: Annablume, 2010.

SANTORO, Emilio. A democracia é ainda adaptável às sociedades multiculturais. *In:* FREITAS, Juarez; TEIXEIRA, Anderson V. (org.). *Direito à Democracia*: ensaios transdisciplinares. Rio de Janeiro: Elsevier, 2012, p. 71-107.

SILVA, Marcos Fernandes Gonçalves. *A economia política da corrupção no Brasil*. São Paulo: Editora SENAC, 2001.

TELLES JUNIOR, Goffredo. *O povo e o poder*: todo poder emana do povo e em seu nome será exercido. 2. ed. São Paulo: Editora Juarez de Oliveira, 2006.

WEISSHEIMER, Marco Aurélio. Tentando entender o que vai pelas ruas o Brasil. In: WU, Vinicius (org.). *Redes, poder e democracia no século XXI*. Porto Alegre: Sapiens, 2013, p. 181-193.

www.ingramcontent.com/pod-product-compliance
Lightning Source LLC
Chambersburg PA
CBHW020921180526
45163CB00007B/2831